浙江省哲学社会科学重点研究基地
“文化发展创新与文化浙江建设研究中心”
资助项目

市域治理看温州

URBAN GOVERNANCE IN WENZHOU

洪文滨　主　编
王　健　执行主编

社会科学文献出版社
SOCIAL SCIENCES ACADEMIC PRESS (CHINA)

《市域治理看温州》编委会

序　言

温州是我国民营经济的发源地、先行区。改革开放以来，温州人民在党的领导下率先进行了成功的市场化改革，创造了享誉海内外的“温州模式”，温州民间的创业创新实践使温州人民较早解决了温饱问题，并逐步过上了富裕的生活。习近平总书记在浙江工作期间曾深情寄语温州：“我对温州有一个很大的希望，就是希望温州把这部创新史继续写下去，探索新的规律，创造新的业绩，写出新的经验。”“温州要为全省带好头，也为全国作示范。”

多年来，温州党委、政府始终谨遵总书记对温州的嘱咐，坚定不移地推进“八八”战略再深化，以永立潮头、走在前列的勇气，以改革先锋的姿态，主动扛起温州使命、彰显温州特色、展现温州作为。坚持以人民为中心，以“最多跑一次”改革为牵引撬动各领域改革，全市承接国家、省以及市级改革试点项目和任务超过百项，改革成果丰硕。2019 年，温州市深化改革委员会办公室委托中共温州市委党校举办首届温州改革创新项目成果评选，收到全市各地各部门上报成果 101 项，按照重要性、创新性、实效性、示范性四个维度标准，评出特别贡献案例 3

个、最佳实践案例10个、优秀实践案例12个。这些获奖案例有的得到国家和省级层面领导的肯定性批示，有的已经开始在全国、全省、全市复制推广，是温州在市域层面贯彻落实国家和省域治理要求的具体体现，涉及社会力量参与公共服务、基层治理、“两个健康”、为侨服务、社会矛盾化解、公共服务便利化等一些长期以来被认为是市域治理的难点、痛点和堵点。这些改革创新案例为国家和省域治理体系和治理能力现代化提供了重要支撑，为县域治理提供了指导，为坚持和完善中国特色社会主义制度优越性贡献了温州智慧、提供了温州样本、展示温州形象。我们组织党校系统专家学者的力量，对这些获奖的改革创新案例进行再研究，从问题出发，梳理出清晰的治理脉络、措施的变迁过程，为读者提供全面细致的治理思维。将这些研究成果付梓出版，相信会为各地推进治理体系和治理能力现代化提供一些可资借鉴的参考和经验。值此中国共产党成立100周年，谨以此书向建党百年致敬！

本书编委会

2021年4月15日

目 录

民营经济篇

基层治理篇

智慧治理篇

公共服务篇

民营经济篇

温州“两个健康”先行区助推民营经济高质量发展

周义邦*

内容提要： 获批创建全国唯一的新时代“两个健康”先行区以来，温州坚持“两个健康”一体推进、“政企联手”同向发力。在聚焦“民营经济健康发展”“民营企业家健康成长”上持续强化顶层设计和制度供给，靶向破解了制约“民营经济健康发展”“民营企业家健康成长”的一系列“急难愁盼”问题；在提升民营企业家发展信心、优化企业营商环境、促进民营经济高质量发展等方面取得了初步成效，为补充和完善中国特色社会主义经济制度做出了有益尝试和探索。先行区创建的时代意义、现实意义及标本意义不断显现。

关键词： “两个健康”先行区　制度供给　高质量发展

* 周义邦，中共温州市委党校助理研究员，研究方向为文化与管理、管理实务等。

党的十八大以来，习近平总书记从坚持和发展中国特色社会主义、促进民营经济高质量发展的战略高度，系统地提出了非公经济领域“两个健康”思想，为全面提升民营经济发展质量指明了正确前进方向，对促进社会和谐亦有着重要的现实指导意义。

改革开放 40 多年来，我国非公有制经济从无到有、从小到大、从弱到强发展起来，成功实现了从传统计划经济体制到社会主义市场经济体制的历史跨越。温州作为我国改革开放先行区和民营经济重要发祥地，形成了享誉全国的“温州模式”，创造了诸多“全国第一”，成为中国特色社会主义理论和改革开放基本路线的成功典范，蹚出了一条破除体制机制障碍、激发内生活力的革新之路。然而，随着发展阶段的转换，温州民营经济率先遭遇“成长的烦恼”，尤其是国际金融危机之后，不少体制性、结构性、素质性的深层次矛盾和问题加速累积，直至 2011 年下半年发生了局部金融风波，给温州经济社会发展造成了严重冲击和持续影响。温州民营经济发展面临模式创新、技术变革、产业升级、企业家接班等现实考验。

作为我国民营经济先发地区，温州碰到的问题是我国市场经济深入发展的先行遭遇，是区域经济转型升级的阶段阵痛，在全国具有普遍共性和典型意义。有鉴于此，在中央统战部、全国工商联和浙江省委、省政府的指导下，温州深入研究民营经济发展的历史和现状、基础和潜力、优势和短板，制定总体创建方案。经过精心准备和积极争取，2018 年 8 月 9 日中央统战部、全国工商联支持温州创建全国唯一的新时代“两个健康”（非公有制经济健康发展和非公有制经济人士健康成长）先行区。

一　坚持高位推进，靶向聚焦“两个健康”制度供给

两年多来，温州重整行装再出发，先行先试勇探索，坚持“两个毫不动摇”方针，坚持“两个健康”一体推进，坚持“政企联手”同向发力。一方面牢牢把握“民营企业家健康成长”这个着力点探索制度保障，竭尽全力为民营企业家健康成长创造良好环境，切实用制度来保障对民营企业家“高看一眼、厚爱三分”；另一方面紧紧抓住“民营经济健康发展”这个出发点深化改革创新，竭尽全力为民营经济高质量发展提供制度供给，真正用制度来靶向破解民营企业发展的“急难愁盼”问题。在国家、省、市各级政府和社会各界共同努力下，形成了一批可复制可推广的经验、制度和举措。

（一）牢固树立“全生命周期”理念，高效推进全链条创新

在顶层设计上，坚持系统性谋划先行。深入研究温

州民营经济发展的历史和现状、基础和潜力、优势和短板，广泛听取意见，精心制定了创建的总体方案和政策体系，形成了“41条意见”“80条新政”，并把政策意见细化为146项具体责任清单。这146项之中有57%是突破性、探索性、走在全国全省前列的。按照“月月有举措、季季有亮点、半年有总结、年年出成果”的要求，对全年的重点工作做系统谋划，列出34类百余项工作和活动项目，基本上做到每个月、每个阶段都有重点和亮点。

在工作组织上，组建强有力的推进架构。专门成立省委常委、市委书记任组长的领导小组，市长任第一副组长，市委副书记、纪委书记、统战部部长和分管经济工作的副市长担任副组长，51个重点单位为成员。在此基础上，专门设立“一办七组”，即“两个健康”创建办和七个工作组实现实体化运作。各县（市、区）也组建类似组织架构，并定期对经办人员开展实操培训。

在推进制度上，建立常态化运行机制。建立健全工作流转、督查考核、信息通报等制度，建立一周一例会、两月一次市县联席会议和一季一次“两个健康”领导小组会议制度，及时协调解决工作推进中遇到的各种问题。建立直通全国工商联的通道，争取全国工商联在温州设立信息直报点，安排专人负责日常工作联络。搭建省市“两个健康”联动推进机制，争取省委改革办、省工商联等专门为温州开辟了协调问题的渠道。

在落实执行上，明确“一把手”工程定位。温州把“两个健康”创建作为一项引领温州发展的牵引性工程、全局性工作、创新性载体，按照“一把手工程”的要求全力推进，2019 年初以“新春第一会”形式启幕。全市各地快速响应，都是由各地“一把手”第一时间亲自专题研究。“两个健康”146 项具体责任清单每一项举措，都细化为一项项具体清单，每项责任都实行了精准分解，能够抓得住人、打得准靶子；每条举措都有具体牵头部门，确保责任明晰、推进有力、进度可控。在此基础上，按照职能划分，把清单分类归口到七大工作组，把责任和压力传导到各个组、各个部门。

在督查考核上，强化有效的激励引导。将“两个健康”纳入全市各地各部门年终考绩，通过温州督考、督办通报、提醒函等方式，亮晒创建工作进展，倒逼清单落地见效，形成你追我赶、争先创优的良好态势。开展“两个健康”先行集体和先进个人评选，并以市委、市政府的名义予以表彰。

（二）“尊商、护商、亲商、重商”为民营企业家健康成长创造良好环境

一是让温州真正成为“尊商的家园”。率全国之先通过法定程序立法，把每年 11 月 1 日设为“民营企业家

节”，让民营企业家有了自己的节日。在市区核心地段建设5万平方米的世界温州人家园和民营经济博物馆，让天下温商有了自己共同的家园。率先出台实施企业家参与涉企政策制定的规范性文件，通过“政企圆桌会议”等平台充分征求企业家真知灼见，让企业家有了更多的话语权。

二是让温州真正成为“护商的港湾”。建立企业家紧急事态应对制度，实行重大涉企案件风险报告制度，政府通过依法和适时适度的介入，防止企业家个人危机处置不当而引发严重的企业危机甚至社会不稳定，这是社会治理一个新的制度设计。全面推行涉企软性执法制度，对企业轻微违规行为实行首次不罚，实现执法的“尺度”和“温度”的统一。大胆尝试具备个人破产实质功能和相当程序的个人债务集中清理试点，推动全国首例“个人破产”试点破冰，给“诚而不幸”的企业家一个东山再起的机会。探索企业信用修复机制，使重整成功企业不再被纳入各类黑名单，帮助企业实现信用重建。

三是让温州真正成为“亲商的典范”。创新“三清单一承诺”制度，推出政商交往“正面清单”、“负面清单”和清廉民企建设“引导清单”，3.5万余名领导干部书面签订“反对不按规则办事行为承诺”，改变了温州熟人社会下“不按规则找熟人办事”的路径依赖。开展“万名干部进万企”和“百会万企评议涉企部门”活动，建立近万个企业效能监测点，设立“企业维权接待日”和维权服务平台，加速政企关系向“既亲又清”转变。建立常态化“理旧账、破难题”机制，积极处置政府原因造成的企业各类历史遗留问题。

四是让温州真正成为“重商的样板”。注重传承与弘扬企业家精神，围绕打造“义利并举、青蓝接力”的企业家队伍，创建温州民营经济学院，举办“亲清政商学堂”“青蓝新学”等主体班次，建立新生代企业家到机关挂职锻炼等制度，探索实施企业家和机关干部“一屋同学”。推进非公企业统战和商（协）会改革，工商联所属商会改革、商会党建工作走在全国前列。

（三）强化制度供给，着力破解制约民营经济高质量发展的“急难愁盼”问题

一是创新实施“融资畅通工程”，企业“融资难、融资贵”问题取得实质性突破。温州把发展有前景但暂时有困难的企业列入“白名单”进行帮扶，助企业渡过难关。引导银行发起不盲目抽贷、不乱收费用等“六不”倡议，推出“无还本续贷”、企业共有厂房按份额抵押贷款、融资担保基金、上市企业稳健发展基金等融资新政，建设“金融大脑”预判预控金融风险。

二是创新开发惠企政策“直通车”，政策“兑现慢、兑现难”问题取得实质性突破。开展史上最大力度的产

业政策大清理，对不顺应发展趋势、不符合产业规律、不适应现实需要、不具备兑现条件、不明确兑付流程的五种情形条款进行全面清理，将原有178个政策重新整合成工业、农业、服务业、开放型经济、人才等五个领域新政策。开发全市统一的产业政策网上兑现系统，实现政策兑现的三个转变，即从企业自主申报向政府主动推送转变，从企业上门办理向上网办理转变和从政策跨年度兑现向当年当季兑现甚至实时兑现转变。

三是连续高标准实施降本减负，企业“税费贵、负担重”问题取得实质性突破。在全国降本减负的大背景下，温州主动自我加压，“做得更到位，减得更彻底”。先后出台减负政策“42条”“30条”等，其中有多条力度超过全省、若干条属于全省独创，减负力度空前。

四是持续推进涉企事务“最多跑一次”改革，企业“事难办、门难进”问题取得实质性突破。围绕企业全生命周期中的商事登记、场地获得、员工招聘、生产经营、权益维护、清产注销6个阶段17件高频事项，全面梳理归集“一件事”改革，同步推行“帮企云”“易企办”，实现涉企事项“网上办”“掌上办”。创新推出企业开办一日结、企业注销便利化行动、涉企证照异地通办等措施，实现一般企业投资审批“最多90天”。

五是持续深化社会力量办社会改革，民间资金“玻璃门、弹簧门”问题取得实质性突破。坚持政府引领、市场决定，进一步向民间资本敞开大门，联动推进社会力量办医、办学、办养老、办体育国家级改革。目前，温州民办教育承担了全市1/3的教育任务，民办医院占了全市医院的2/3，雅加达亚运会温州10名获金牌的运动员当中有4名运动员是由民办体育机构培养出来的。国民共建格局在全国形成示范。

二　坚持示范引领，民营经济高质量发展成效初显

两年多来，随着温州“两个健康”先行区创建一系列先行制度举措的落地、生根，改革创新的红利正在加速释放，给温州民营经济高质量发展带来了许多可喜变化。有些做法经验上升为国家政策，如2019年底《关于营造更好发展环境支持民营企业改革发展的意见》（中发〔2019〕49号）等文件中的很多提法，都源于温州的改革创新实践。此外，温州创建新时代“两个健康”先行区还被评为2019中国改革十大年度优秀案例奖。

（一）民营企业家发展信心呈现可喜变化

通过“尊商、护商、亲商、重商”等一系列举措，温州给企业家礼遇尊荣，不断向广大企业家传递信心力量。据温州市统计局监测，温州民营企业家信心指数已连续十几个季度处于“较为景气”区间，且持续呈走高态

势。比如，对 8483 家企业生产经营景气状况的调查显示，2020 年第四季度全市企业景气指数为 124.88，企业家信心指数为 125.60，两项指数环比分别回升 2.37 点和 2.61 点，处于“较为景气”区间。

温州民营企业家在守法创新、承担社会责任等方面取得前所未有的新成效，特别是 2020 年新冠肺炎疫情期间，内外温商全球接力、捐款捐物，其做法成效在全国民营经济人士理想信念教育推进会上被作为典型交流。疫情之下，温州市场主体不减反增，市场活力持续活跃。截至 2020 年 9 月末，温州市场主体达 114.8 万户，其中在册企业数突破 30 万户（31.6 万户）、增幅居全省第一；民间项目投资增速连续两年全省第一；新增上市报会企业 16 家，温州板块实现逆势发展。全国首个民营企业参股的浙江三澳核电项目获国务院核准。

（二）民营企业营商环境得到较大优化

积极推进“营商环境最优市”建设，多途径打通民营企业办事路径、提高服务效率、破解痛点难点，重点做好惠企政策兑现、政府数字化转型、化解企业发展难题、形成亲清政商关系等方面的工作，营商环境得到较大优化。持续深化“最多跑一次”改革，围绕企业全生命周期定制服务，推进涉企“一件事”全流程“最多跑一次”办理；开展“证照分离”改革全覆盖试点，破解市场主体“准入不准营”问题；完善民营企业家容错机制，建立“涉企免罚”、柔性执法、重大涉企案件报告、企业家紧急事态应对等制度；建立政企恳谈、企业问题日交办等机制，强化“破堵点推新政创亮点”工作机制，以政策制度供给及时化解企业难题。

对标世界银行营商环境评价体系，出台《温州市营商环境评价方案》，主攻短板弱项，开展对标提升。其中，温州在北京零点调查公司公布的2018年全国297个城市营商环境评价中排名第26位，比2017年提升3位；小微企业营商环境满意度在全省排名第一。营商环境“竞争力”显著提升，清华大学2019年发布的《2019长三角地区营商环境发展水平评估报告》显示，温州在长三角27个中心区城市综合评价中跻身前四，经济活跃城市营商环境综合排名中位列全国第七，对照世界银行标准开展的营商环境评价中位列全省第三。《2020万家民营企业评价营商环境报告》显示，温州在“要素保障、法治建设、抗疫惠企政策、市场准入、创新政策”等方面评分较上年均有不同程度提升，民营企业对营商环境满意程度明显好于上年，位居全国第六。

（三）民营经济高质量发展势头强劲

温州民营经济保持强劲发展势头，一批展现竞争力的关键指标得到有效提升，经济态势向上向好，市场主体数量破百万。截至 2019 年，温州已连续 17 个季度 GDP 增速高于全国、全省平均水平，且稳定在 7.5% ~8.5% 的区间，2019 年 GDP 迈入全国城市前 30，比上年提升 5 位，人均 GDP 首次突破 1 万美元；在中美贸易摩擦的背景下，外贸出口逆势增长 16.1%，增速居全省第二；金融领域已经实现“风险先发”到“率先突围”的转变，不良贷款率从最高时的 4.69% 下降至 0.94%（见图 1），创下新低，防范和化解金融风险工作成效位居全省第一；民营经济在工业、投资、出口和税收等方面指标也都得到不同程度的提升，即使在全省、全国范围来看，都是非常亮眼的。

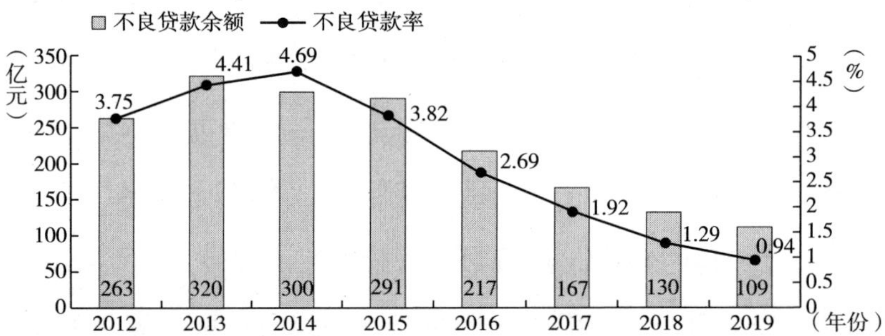

图 1　2012 ~2019 年温州银行业不良贷款余额和不良贷款率变化示意

资料来源：笔者整理。

特别是面对全球疫情冲击，2020 年温州坚定不移把新时代“两个健康”先行区创建作为引领高质量发展的牵引性、全局性、龙头性工作来抓，做深原有政策措施，谋实新举措新亮点，紧密结合“三强两促”专项活动，以“两个健康”新成效确保“两战都要赢”。2020年上半年，温州GDP同比下降0.2%，增速比一季度回升8.0个百分点，增速排名从一季度的全省后3位提升至全省第7位，排名前移2位，出现明显“V”形回升态势，回升幅度大于全国、全省；经济运行呈现总体向好、稳步回升的复苏态势，GDP总量全国排名比上年同期提升2位。

三　坚持问题导向，温州“两个健康”创建展现时代样本意义

温州两年多来的实践表明，新时代“两个健康”先行区创建工作是应对经济下行的有效抓手，是推进高质量发展的有力引擎，是促进企业家健康成长的有为举措。“两个健康”从出题到破题，从鲜为人知到越来越有影响力，更多的积极因素正加速积累，更大的改革红利正在加速释放，先行区创建的时代意义、现实意义、样本意义不断显现。

2019中国改革十大年度优秀案例奖推荐词指出，2018年以来温州市大力创建新时代“两个健康”先行区，对补充和完善中国特色社会主义经济制度做出了有益尝试和探索。主要启示有以下三点。

一是温州创建新时代“两个健康”先行区，是主动适应我国社会主要矛盾变化，坚定扛起为新时代改革开放

探路的使命担当，继续为新时代中国特色社会主义提供鲜活经验和生动素材的重要载体，有利于推动民营经济高质量发展、助推社会主义现代化强国建设。

二是温州创建新时代“两个健康”先行区，着力优化民营经济健康发展环境，营造与社会主义市场经济体制相适应的一流营商环境；大力支持企业家创业创新，与社会主义核心价值观相适应的优秀企业家精神；全力促进民营经济提质增效，建立起与现代化经济体系相适应的民营经济发展体系。

三是温州创建新时代“两个健康”先行区，就是要通过改革创新，打破市场壁垒、增强创新能力、改善制度环境和市场环境，破解制约民营企业发展的重大难题，推动技术、品牌、组织和商业模式创新，提升民营经济发展的质量、效益和竞争力。

平阳小微企业园破解小微企业成长困局*

陈　常**

内容提要： 由于小微企业发展长期面临着缺空间、缺资金、缺创新、缺服务、缺政策等“五缺”难题，2013年温州在全省率先启动小微企业园建设。近年来，温州市平阳县在小微企业园建设上积极探索、创新实践，通过创新建设模式、创新融资方式、深化科技全面创新、推进数字化建设等主要做法，取得了“规模居前、产业主导、多元开发、配套完善、治理智能”的建设成效。平阳县通过小微企业园这一载体建设，助推小微企业转型升级“五个坚持”的主要经验与启示，对各地有较强的借鉴意义。

关键词： 小微企业园　产城融合　高质量发展

* 如无特殊说明，文中数据均来自平阳县经信部门。

** 陈常，中共平阳县委党校高级讲师，研究方向为技术经济。

2013年，温州在全省率先启动小微企业园建设。至今，温州通过一系列涉及小微企业园建设的政策创新、资源整合和配套服务，来集聚和扶持小微企业发展。很多小微企业也由此转型升级为规上企业，有力推动温州经济高质量发展。[①]

一 小微企业面临“五缺”难题

（一）小微企业发展历程

我国小微企业最早要追溯到明朝万历年间，这一时期出现的家庭作坊，按照今日的标准划分即小微企业中的个体工商户，但受封建制度的限制，我国小微企业在历史的长河中未能发展起来。[②] 探寻1949年新中国成立以来，我国小微企业发展大致经历了恢复发展、缩减、迅速恢复与发展、迅猛发展四个阶段。

1. 国民经济恢复时期小微企业的发展

从1949年新中国成立到我国社会主义三大改造完成，这一阶段是我国小微企业恢复发展时期。这一阶段首次出现了小微企业发展的利好制度供给，这些政策和措施在一

---

① 陈一新：《建设小微企业园　打造民营经济“升级版”》，《浙江经济》2013年第11期。

② 杨曼：《我国小微企业发展研究》，延安大学博士学位论文，2014。

定程度上有力地促进了国民经济的恢复和好转，同时也推动了小微企业的发展。

2. 计划经济时期小微企业的发展

从 1953 年到 1978 年党的十一届三中全会召开，这一阶段是我国小微企业缩减时期。这一阶段的一个重要特点就是国家对小微企业实施强制合并，小微企业的发展空间开始缩小、数量快速缩减。

3. 改革开放时期小微企业的发展

从 1978 年到 2008 年，这一阶段是我国小微企业迅速恢复与发展时期。“文革”以后，城镇经济萧条，为解决严峻的人员就业问题，1978 年党的十一届三中全会召开，国家鼓励城镇个体经济发展，伴随着从中央到地方出现的利好制度，小微企业数量在这一时期快速增加。

4. 全球金融危机之后小微企业的发展

2008 年全球金融危机之后，小微企业的生存又一次出现困难，小微企业的发展再次引起国家和社会各界的关注。特别是 2011 年工信部下发的《中小企业划型标准规定》首次提出小型、微型企业划型标准，这一时期国家从财政税收、技术研发、公共服务等各方面对小微企业的发展给予支持和政策照顾，同时各地也积极响应、结合各地实际，出台各项政策优惠措施促进小微企业发展，小微企业在多方利好政策环境下迅猛发展。

（二）小微企业发展现状与难题

对我国来讲，民营经济是本，实体经济是基，小微企业是源。广大小微企业是我国经济发展、财政收入、创业创新的基础力量。小微企业是国民经济发展的生力军，贡献了全国90%以上的企业数量、80%的就业、70%左右的创新、60%以上的GDP和50%以上的税收。[①] 自《关于进一步促进中小企业发展的若干意见》（国发〔2009〕36号）出台以来，各地政府相继出台和制定了一系列配套制度文件和有效举措。然而，虽然政策的“药引”激发了小微企业如雨后春笋般地生长，但它们所面临“成长的烦恼”也日益显现。小微企业发展长期面临着缺空间、缺资金、缺创新、缺服务、缺政策等“五缺”难题。[②]

1. 缺空间：小微企业用地指标问题突出

例如，温州70%以上的小微企业没有自有厂房，落地难落地贵，只能靠租借厂房或民房甚至违章搭建从事生产经营，发展空间不足一直困扰着温州小微企业的发展和转型升级。在政府淘汰高污染、高耗能、落后产能及旧城

① 车俊：《以大抓落实之功 破“小微”发展之难 不断夯实全省经济高质量发展的基础》，《政策瞭望》2018年第10期。

② 毛丰付、陈文平：《温州为何倾力打造小微企业园》，《决策》2019年第12期。

改造、拆迁过程中，一些小微企业因一时无法顺利落户而失去生存空间。

2. 缺资金：小微企业“融资难、融资贵”问题依然突出

虽然近年来在政府的大力支持下，小微企业融资环境有了较大改善，但由于一些小微企业财务制度不健全、缺乏有效抵押物、融资金额较小但频率较高等问题，“融资难、融资贵”问题尚未有效缓解。高企的融资成本无形中给小微企业增加了很大负担、侵蚀了企业利润。

3. 缺创新：小微企业初创期的创新扶持政策较少

小微企业的发展壮大，在其创业前三年（即初创期）非常关键。如果小微企业成立之后经过三年的初创期仍能存活，则成活率就很高。技术是支撑小微企业成长的核心力量，目前各地普遍缺乏专门服务于小微企业的技术创新服务平台，小微企业碰到技术问题基本都是通过自我摸索的方式解决。

4. 缺服务：小微企业的公共服务体系建设滞后

小微企业是市场竞争中的弱者，普遍面临着管理水平低、技术研发能力弱、产品质量不高、人才不足、信息不畅等困难，迫切需要完善的公共服务体系来满足其在生存、成长上的服务需求。目前各地公共服务体系建设滞后，更多地偏向大中型企业，多数小微企业难以获得需要的服务。

5. 缺政策：小微企业的营商环境有待进一步优化

各地政府部门“抓大放小”的现象依然突出，对小微企业发展的重视程度不够，相关产业帮扶、用地指标、税收优惠、政府采购等政策对小微型企业的倾斜力度还不够。小微企业申请政府产业帮扶政策的门槛高、条件限制多、补助资金少，并且审批事项多、时限长、手续烦琐。

（三）温州在全省率先启动小微企业园建设

温州虽为中国改革开放的先发地，但其小微企业的发展也长期面临着“五缺”难题。面对发展难题，小微企业园成为小微企业高质量发展的重要载体，可为小微企业生产经营提供实体空间，为创业创新提供孵化平台，为转型升级提供配套服务，促进小微企业集聚、规范、绿色、创新发展。

2013 年，温州在全省率先启动小微企业园建设。温州市委、市政府高度重视，将加快建设小微企业园作为促进温州高质量发展的战略举措，先后启动两轮小微企业园建设三年行动，共规划建设小微企业园 142 个，总占地面积约 2.9 万亩。

二　破解难题的“四法”方案

近年来，温州市平阳县坚定不移实施“工业强县”

战略，坚持把小微企业园建设作为推动小微企业集聚发展、规范发展、提升发展、绿色发展、安全发展的主抓手，积极探索、创新实践，取得了扎实成效。

（一）主要做法

1. 创新建设模式，破解小微企业“入园难、入园贵”难题

一是以多元方式破解“建得慢”。针对小微企业园建设周期长、资金缺口大等问题，温州采取工业地产、国资代建、企业联合体自建和龙头企业联建等多元投资建设方式，使全县小微企业园平均建设速度提了近 1 倍。二是以产权分割破解“入不起”。针对“小微企业多、需求面积小”的特点，平阳在全市率先出台了为小微企业量身定制的《标准厂房项目产权分割及配套政策实施办法》，允许将一宗工业用地分割成多宗独立用地，并将标准厂房产权分割的最小单元降低到 500 平方米，进一步增强小微企业入园的吸引力。三是以限价政策破解“入园贵”。平阳实施最高限价政策，限定小微企业园销售均价不高于 2600 元/平方米，销售最高价不得超过销售均价 30%，比温州市定销售均价低 11%，为全市限价标准最低，切实降低小微企业入园负担。

2. 创新融资方式，破解入园企业“融资难、融资贵”难题

一是推进园区和金融机构合作。搭建“融资超市”服务平台，为小微企业园提供金融支持，引导金融机构为

园区企业提供工业厂房按揭贷款、设备融资租赁、生产经营贷款融资、票据贴现、仓单质押服务，推广基于大数据的小额贷款、基于产业链的供应链金融。二是引导私募基金投资园区企业。进一步拓展园区企业融资渠道，提升小微企业直接融资占比，引导入驻平阳南麂基金岛的私募基金投资园区企业，有效缓解小微企业融资难题。三是引导金融机构产品创新。依托“云数据”支持园区企业，推进“小微网贷”，创新并推广“无缝续贷”“税务通宝”“外贸通宝”等解决融资难题的产品，通过个性化定制金融产品助力小微企业。

3. 深化科技全面创新，破解入园企业“创新难，研发弱”难题

一是做大做强研发主体。针对小微企业普遍存在的创新意识不强、研发投入明显不足等问题，完善小微企业科技活动信息库，组建专家服务团队，对“苗子型”小微企业开展有针对性的一对一指导服务，推动园区企业加大研发投入。二是出台创新研发奖补政策。为降低入园小微企业科技创新风险，提升企业研发效益，实施分层分类激励政策：对研发投入占比高的高新技术企业实行财政奖补政策；对一般科技成长型企业实行研发投入督考倒逼政策；对研发零投入的企业实行评优评先“一票否决制”。三是完善创新平台联动机制。在小微企业园建设科技企业孵化器，供小微企业研发、设计、生产、经营多功能复合

利用；支持引导创新人才入园，与平阳本地人才共同组建创客空间管理团队，在小微企业园打造一批省级创客空间。

4.推行数字化建设，破解入园企业“管理难、效益低”难题

一是实现园区生产数字化。打造“一平台四系统”，即县级统一管理平台、园区企业服务系统、园区人员管理系统、园区政务服务系统、企业生产服务系统。依托县级统一管理平台，建立大数据中心研判体系，解决各园区互联互通问题。二是实现园区管理智能化。利用工业互联网和物联网技术，实行智慧园区管理“一卡通”，实现对园区内企业员工衣食住行的快捷服务。创建“线上众创城”App，将园区物业、企业服务、园区招商融合到线上数据平台，可随时获取水电物业消费、求职招聘、政策法规、合作招商等信息，做到人防、安防、技防的智能化。三是实现园区服务全能化。推行“最多跑一次”改革向园区内延伸，建立从园区建设到企业入驻全过程的绿色审批通道，在园区内设立企业服务中心，为企业提供工商注册、环评审批、知识产权申报等一站式代办服务。

（二）建设成效

平阳县自2014年全面启动小微企业园建设以来，紧紧围绕小微企业园高质量发展的总体目标和要求，取得了

“规模居前、产业主导、多元开发、配套完善、治理智能”的建设成效。2018年，平阳县获得全省小微企业园建设管理一等奖，并获奖励专项资金1000万元，县委主要领导代表平阳在温州召开的全省小微企业园建设现场会上作典型经验介绍，平阳万洋小微企业园被列入现场考察点。[①] 平阳小微企业园的建设成效主要表现如下。

1. 开发规模居前

截至2020年5月，全县已开工建设各类小微企业园16个，已建成投用小微企业园10个。规划总用地面积2969.6亩、总建筑面积451万平方米，累计竣工面积229.4万平方米，已准入企业1003家，已投产企业615家，三年累计实现产值近140亿元（其中2019年产值达59亿元）。平阳通过小微企业园建设，破解了众多小微企业生存空间不足、配套设施缺乏等发展难题。

2. 主导产业突出

全县已建成小微企业园皆为生产制造类园区，主要集中在机械机电、塑包塑编（彩印）、皮革皮件、服装服饰、宠物产品等产业。各园区主导产业企业占比在70%以上，并积极引进时尚产业和战略性新兴产业。加快培育规上企业，实现“小升规”企业25家，培育科技型企业

① 中共温州市委全面深化改革委员会办公室：《温州市首届改革创新最佳实践案例终选汇编》，2019。

12 家、高新企业 6 家，集聚成效明显。

3. 开发模式多元

全县已探索形成了 4 种小微企业园开发模式，即工业地产模式、国资代建模式（国有投资公司开发）、企业联合体自建模式、龙头企业联建模式。平阳万洋众创城是全省目前已建单体面积最大的小微企业园，也是全省首个以工业地产模式打造的小微企业园，其经验在全省乃至全国复制推广。

4. 配套服务完善

小微企业园已逐步形成生产配套专业化、公共服务一体化、园区管理智慧化的特点。在平阳万洋众创城建设“共享工厂”，平阳万洋众创城入选温州市“两个健康”先行区第一批先行实践基地、国家小微企业创业创新示范基地。与赛伯乐等企业合作打造工业 4.0 协作创新平台，成立“工匠学院”，在平阳滨海新区引进云创空间、天工智汇等多个众创空间，与温州大学共同成立平阳智能制造研究院。已在 6 个小微企业园设立了企业服务中心，为企业提供一站式代办服务。

5. 园区治理智能

实行数字化运营、智能化治理，完善服务功能，建立退出机制，倒逼入园企业提质增效，破解传统产业“低小散”，实现整合入园，促进传统产业转型升级，产业集聚效益明显。2018 年，全县入园小微企业亩均产值、税收分别为570万元和31万元，均高出全县平均水平50%以上。

三 遵循“五个”坚持，促进小微企业健康成长

（一）坚持产镇联动，推动产城融合

坚持现代工业和现代城镇融合发展，按照“微城市”理念配套生产研发、仓储物流、商务配套、企业公寓以及生活设施，将小微企业园打造成为复合型工业城市综合体。①

（1）注重与城镇形态相融。坚持产城规划先行，明确小微企业园建设必须符合城乡、土地利用和环境功能区规划，在园区布局、建筑形态上与当地城镇相协调、相融合，使之成为城镇产业核心区。

（2）注重与主导产业相融。立足于当地主导产业，以小微企业园建设延伸上下游产业链，共建共享产品研发、技术创新、检验检测等专业性生产配套，实现小微企业集聚发展。

（3）注重与生活配套相融。综合布局住宿餐饮、休

---

① 平阳县经济和信息化局：《平阳县小微企业园建设管理提速增效创新实践》，2020。

闲娱乐等生活配套设施，为入驻企业提供一体化生活服务，打造员工“十五分钟生活圈”。

（二）坚持政府主导，实现多元开发

坚持把握“政府主导、企业主体、多元开发、方式灵活”原则，探索了4种开发模式。因地制宜、因园制宜的多元建设模式，极大地加快了小微企业园建设速度。

（1）工业地产模式。由工业地产开发商投资建设，用地性质不变，参照商品房模式办理房产登记，厂房可实行按需定制，满足企业发展个性化需求。

（2）国资代建模式。由国有企业代为建设，建成后厂房统一分割转让（出租）给入驻企业，建设速度较快、成本较低。

（3）企业联合体自建模式。由政府统一规划，分区域精准布局建设小微企业园，园区采用统规自建方式，推动小微企业就地整合、定向集聚、整合提升。

（4）龙头企业联建模式。由龙头企业牵头，会同同行业或行业上下游小微企业联合投资建设，助力小微企业进入配套链。

（三）坚持政策创新，强化成本导向

为有效破解小微企业“入园难”“住不起”等难题，坚持在政策创新上寻求突破，努力降低小微企业入园成

本，让小微企业园成为培育专精特新企业的“梦工厂”。

（1）创新实行产权分割。通过相关文件为小微企业量身定制产权分割实施依据，允许将一宗工业用地分割成多宗独立用地，将标准厂房的最小单元、最小销售面积降低到500平方米，并可单独办理土地证和房产证，对有特殊需求或厂房面积6000平方米以上的还可实行私人定制，有效增加了小微企业入园吸引力。

（2）创新限定最高售价。把握“保本微利”，政府与开发主体签订合同，为小微企业园售价设置“天花板”，提前限定小微企业园销售均价（不高于2600元/平方米），销售最高价不得超过销售均价30%。

（3）创新税费资金补助。实施城建配套费减免、厂房购置税地方留存部分返还等资金补助政策，减轻小微企业入园负担，力度在全市最大。对龙头企业联建、国资代建的小微企业园，对产权分割过户产生的税费（新增费用）给予财政资金补助达4000万元，还给予入园企业办证补助。

（四）坚持好中选优，提升园区质量

将园区发展质量摆在首位，坚持好中选优、优中选强、强中选精，避免低端化、同质化发展。

（1）突出产业特色。明确每个小微企业园的专业属性和特色定位，实行“同类型企业集中入驻、产业链上下游企业配套入驻”，明确园区内主导产业企业占比必须在 70% 以上，推动小微企业园成为产业链相关联、服务链相支撑的有机整体。

（2）提升入园门槛。入园小微企业必须符合小微企业园总体规划、产业定位、节能环保、安全生产等要求。优先支持科技型成长型小微企业、龙头企业的关键配套企业、孵化器毕业企业等入园，有效倒逼小微企业朝着“小而精”“小而新”“小而强”方向发展。

（3）完善退出机制。建立完善小微企业入园退出机制，明确小微企业园入驻企业投资强度、建设期限、产出水平、亩均税收等指标。要求入园企业 3 年内销售产值达到 135 万元/亩，税收达 10 万元/亩以上、营业收入年均增长 10% 以上，亩均投资不得低于 245 万元/亩，否则一律予以清退。

（五）坚持瓶颈突破，助力企业成长

针对小微企业用地难、融资难、审批难等问题，坚持问题导向、需求导向，对症下药、创新突破，全力突破小微企业成长桎梏。

（1）着力破解用地难。出台小微企业园建设用地保障政策，明确规定每年新增建设用地 50% 以上用于工业项目建设，并向小微企业园建设倾斜。多方深入挖潜，积极向“三改一拆”“大拆大整”要空间，有效解决和满足

小微企业园建设用地需求。

（2）着力破解融资难。将破解入园企业“融资难、融资贵、融资烦”作为扶持小微企业的重点，实行厂房按揭贷款、生产设备融资租赁、生产经营贷款融资、票据贴现、仓单质押等五大金融创新，为入园小微企业提供全周期供应链金融服务。

（3）着力破解审批难。坚持以“最多跑一次”改革为契机，不断完善小微企业园建设项目审批机制，全力推进小微企业园建设项目无偿代办、联合审批、项目承诺备案等审批新模式，并在小微企业园设立企业入园代办点，有效提升审批效率。

参考文献

陈一新：《建设小微企业园 打造民营经济“升级版”》，《浙江经济》2013 年第 11 期。

杨曼：《我国小微企业发展研究》，延安大学博士学位论文，2014。

车俊：《以大抓落实之功 破“小微”发展之难 不断夯实全省经济高质量发展的基础》，《政策瞭望》2018 年第 10 期。

毛丰付、陈文平：《温州为何倾力打造小微企业园》，《决策》2019 年第 12 期。

中共温州市委全面深化改革委员会办公室：《温州市首届改革创新最佳实践案例终选汇编》，2019。

平阳县经济和信息化局：《平阳县小微企业园建设管理提速增效创新实践》，2020。

乐清“亩均论英雄”改革倒逼企业提质增效

陈振宇　南智慧　陈静慧*

内容提要：“亩均论英雄”是资源要素优化配置的一种有效方式。自深化“亩均论英雄”改革以来，乐清立足区域特点，依托大数据，全面公开公正评价，实施差异化要素配置政策，以正向激励、反向倒逼方式，推动企业提质增效、转型升级。乐清的“亩均论英雄”改革卓有成效，走在浙江前列。

关键词：“亩均论英雄”改革　差别化配置　分档分类

“亩均论英雄”是矫正资源要素错配、低配的一种有效方式。它是浙江省贯彻习近平总书记在浙江工作时期强调的“腾笼换鸟”“凤凰涅槃”理论的重要实践，是推动

* 陈振宇，中共乐清市委党校高级讲师，研究方向为区域经济发展；南智慧，中共乐清市委党校高级讲师，研究方向为区域民营经济；陈静慧，博士，中共乐清市委党校讲师，研究方向为大国安全与区域民营经济。

企业高质量发展，实现区域经济高质量发展的重要举措。自2012年以来，乐清市立足区域发展特点，不断深化“亩均论英雄”改革，推动企业提质增效、转型升级，成效显著，走在浙江省前列。

一 “亩均论英雄”改革历程

2012年，乐清市启动并开展了规上企业亩产效益的评价。2014年，乐清被列入省首批资源要素市场化配置综合配套改革试点，以此为契机，乐清市全面启动了“亩均论英雄”改革，探索资源要素市场化配置途径。2018年后，按照浙江省有关文件精神，结合区域实际，乐清市进一步深化“亩均论英雄”改革，不断优化资源要素的配置方式，形成了导向清晰、合理规范、分类分档、公开公正、差别施策的企业评价及资源要素优化配置模式。

（一）建立了一个综合评价机制：科学规范、公平公正

1. 综合评价做到导向清晰、合理规范

自启动资源要素市场化配置试点和“亩均论英雄”改革以来，乐清企业的评价体系不断完善。

在评价指标设置上，导向清晰。着眼于高质量发展，

多年来，乐清企业评价指标不断优化。从2012年到2015年，乐清对规上企业的评价指标主要有亩均税费、税费总额和销售产值等3项。2016年企业评价指标调整为亩均税费、税费总额、单位能耗产值、人均产值、单位排放工业增加值、科技活动经费支出总额占主营业务收入比重等6项，实现从以规模、增幅论英雄向以“亩均效益”论英雄转变。2018年、2020年乐清市根据《浙江省人民政府关于深化“亩均论英雄”改革的指导意见》（浙政发〔2018〕5号）等精神，进一步优化了评价机制，并拓展了结果运用。当前乐清对全市所有工业企业开展综合评价，分类分档进行评价，其中规模以上企业评价指标为亩均税收、亩均工业增加值、研发费用占营业收入比重、全员劳动生产率、单位能耗工业增加值、单位排放工业增加值等6项指标；规模以下企业中，年用电量20万千瓦时以上的评价指标为亩均税收、税收实际贡献、单位电耗税收等3项指标，年用电量20万千瓦时以下的评价指标为亩均税收、税收实际贡献等两项指标。

在指标权重设置和统计口径上，逐渐合理规范。2018年前，浙江省各市县使用了各种不同的指标评价企业效益，且各有各的计算口径，各有各的指标权重。2018年后，浙江省规范统一了指标及其计算口径、项目权重。①规模以上企业指标权重设置。规模以上企业共有评价指标6项，权重分别为：亩均税收占40%、亩均工业增加值占20%、研发费用占营业收入比重占15%、全员劳动生产率占10%、单位能耗工业增加值占10%、单位排放工业增加值占5%。乐清市还规定指标实际计算值不能超过各项权重的1.5倍。2020年规模以上企业的指标基准值分别为：亩均税收80万元/亩，亩均工业增加值350万元/亩，研发费用占营业收入比重3.8%，全员劳动生产率30万元/（人·年），单位能耗工业增加值8万元/吨标煤，单位排放工业增加值500万元/吨。②规模以下企业指标权重设置。年用电20万千瓦时以上的企业评价指标共3项，指标权重设置为：亩均税收占60%，税收实际贡献占30%，单位电耗税收占10%。年用电量20万千瓦时以下的企业评价指标共2项，指标权重设置为：亩均税收占70%，税收实际贡献占30%。规模以下企业的指标基准值为亩均税收40万元/亩，税收实际贡献80万元，单位电耗税收3元/千瓦时。

2. 全域评价做到应评尽评

自启动企业亩产效益评价以来，乐清一直秉持全域评价的理念，将所有规上企业，以及有税收、有土地、用电的规下企业都列入评价对象。在全省大部分县市只评价规上企业并准备向规下企业、服务业企业扩展时，乐清早已于2015年着手全覆盖评价，多年来乐清市企业评价数量居全省第一。乐清市通过广泛发动和政企联动，依托大数据平台，2015年至2018年，分别评价规上工业企业991

家、1103 家、1114 家、1065 家，规下工业企业 0.9 万家、1 万家、1.3 万家、1.5 万家。2019 年度共评价 2.07 万家工业企业、600 家服务业重点企业，做到了应评尽评，实现了全覆盖，评价覆盖面远大于浙江省其他县市区。而此时大部分县市区也只对规上工业企业进行全覆盖评价，规下企业评价数量并不多。以杭州市余杭区为例，2019 年也只对符合条件的 1140 家规上工业企业、1046 家占地 3 亩（含）以上的规下工业企业开展亩均效益综合评价，参评企业数量也仅达到全区的 1/5。

3. 公平评价做到平稳有序

秉持公平公正理念，乐清市通过电视台、《乐清日报》、手机短信、网络（尤其是大数据平台）等多种途径，加强企业填报评价互动，并在评价过程中做到“五上五下”，使企业事先事中事后全流程查阅全流程参与，确保企业评价的公平公正和精准有效。

（1）分类评价。鉴于产业生产经营的差异性，依据效率优先、优胜劣汰、扶优扶强和退低进高的原则，乐清市结合区域发展实践，明确了分类、分行业重点推进的实施路径。自 2015 年乐清率先出台《工业企业亩产效益综合评价实施意见》后，就将规上企业进行了分类，把规上企业分为电工电气、电子信息、设备制造等八大行业，同时考虑乐清市行业发展特点，其中主导产业电工电气行业A + 优先发展类为得分排名前 15%，比其他行业要高 5

个百分点。2018 年后根据浙江省有关文件精神和区域发展实际，乐清市对工业企业重新进行分类。工业企业分规上企业、规下企业两个类别开展综合评价，规下企业又根据用电量分两个类别。工业企业按照电工电气、电子信息、汽车制造、设备制造、电器电子配套及其他等五大行业进行排序，其中电工电气行业分为配电开关、电气元器件、电线电缆、控制电器、其他电气机械及器材制造等五个细分行业，形成了“5 + 5”的行业评价分类。2020 年还对服务业重点企业进行了评价。

（2）分档评价。规上企业按行业从高分到低分进行排序，按一定比例分成 A +、A、B、C 四类；规下企业按得分从高分到低分进行排序，按一定比例分成 A +、A、B、C 四类。①A + 类为优先发展类。综合评价得分在行业内排名前 15%（含）的规上企业和排名前 5%（含）的规下企业。②A 类为鼓励发展类。综合评价得分在行业内排名前 15% ~ 65%（含）的规上企业和排名前 5% ~ 50%（含）的规下企业。③B 类为改造提升类。综合评价得分在行业内排名后 3%（含）~ 35% 的规上企业和排名后 5%（含）~ 50% 的规下企业。④C 类为倒逼整治类。综合评价得分在行业内排名后 3% 以内的规上企业和排名后 5% 以内的规下企业。

（3）健全纠错机制。因应企业评价难点问题和数据采样的复杂性，为使评价更加公平，乐清建立并完善了

“纠错机制”。企业对评价数据存在异议的，由乡镇深入现场审查，进一步核实数据。由此，分别解决了审批、违法面积和实际使用面积不同，无独立厂房折算占地面积问题，出租和承租相对应问题，用电量中的“一企多号”“一号多企”“登记户名和实际使用不一致”等难点问题。自纠错机制实施以来，累计纠错500余家企业数据。

（4）建立修正机制。着眼于科学发展、高质量发展，引导企业转型升级，乐清市还建立了修正机制。根据企业规模和科技含量等各种情况，对企业的7类31种情形设置升档和降档通道，按“定档、提档、加分、降档、否决、保档和限档”进行档次修正。如加大对半导体芯片、高端传感器等战略性新兴产业的支持；加大对上市企业、高新技术企业、重点技改项目企业、隐形冠军企业、小升规企业等重点企业适当倾斜。例如，将上市公司（包括新三板企业）、省级“三名”企业、年销售收入10亿元以上且亩均税收高于规上企业平均值的企业，直接定档A+类等。此外，还对“安全生产事故、重大环境责任事故”等实行一票否决，并将市场监管领域经营异常名录和严重违法失信名单作为否决项，纳入“亩均论英雄”工业企业评价体系。

（二）建立了一个资源要素优化配置体系：差别配置，正向激励、反向倒逼

多年来，在完善评价机制的基础上，乐清市不断拓展和深化评价结果运用，通过正强化和负强化推动企业提质增效。2018年后，乐清市建立覆盖企业全生命周期的差别化政策体系，使A+、A、B、C类等各类企业在财政、金融、人才、用地、用能、用水、排污等资源要素的使用上有了差别化配置政策。乐清正是以“正向激励、反向倒逼”的方式，不断优化资源要素配置，鼓励企业争创先进，推动企业转型升级，实现高质量发展。

在供地上，树立差别化供地导向。实施工业用地项目准入管理，通过设置投资强度和产出效益行业规范，将投资、亩产、能耗、环境、科技创新等标准纳入土地招标拍卖挂牌出让条件，推进用地差别化配置。对A+类、A类企业在评估价的基础上优惠3万元/亩，乐清经济开发区、乐清湾港区等重大产业平台需要A类以上企业才可以供地，原则上不对B类以下和规下企业供地。

在“城镇土地使用税”和“自用房产税”上，实行差别化待遇。A+类、A类企业分别减免城镇土地使用税100%、30%，自用房产税80%、10%。

在水电价上，对B类和C类企业执行差别化加价，并列入有序用电和节能降耗预案“重点限制类”对象。

如C类企业在电价上提高0.1元/千瓦时，水价上加价1元/吨。2017年，对A+类、A类企业共减免“两税”4200万元，并将38个A+类企业技改项目补助比例提高了1个百分点，涉及资金共2798.7万元；征收C类企业差别化电价700余万元，水价86万元；2018年共对1500家A+类、A类企业减免城镇土地使用税与自用房产税4500万元；对C类企业加收电费1087.3万元、水费71.3万元。

在金融上，支持先进企业获得金融支持。对A类及以上企业在信用评级、贷款授信、利率优惠等方面予以重点支持，并优先满足其融资需求、降低其融资成本。对A+类企业，优先满足其融资信贷需求，优先对列入专项再贷款的企业实行担保，政策性融资担保费率不高于0.8%。如乐清和中国银行乐清支行联合在温州率先推出“亩均英雄信用贷”，给予A类及以上企业最高300万元纯信用额度和优惠利率，已为12家企业授信3921万元，并正在向全市银行推广；对A类及以上“新基建”企业优先贷款授信，已为首批100家发放贷款82.3亿元，加权平均利率4.15%。

在评优和财政资金奖补上，支持A+类、A类企业申报各级各类政府性荣誉和财政资金奖补，C类企业原则上不得评定各级各类政府性荣誉，不得享受各类财政奖补资金。在智能化技术改造（节能）项目上，A+类企业补助比例比原有政策增加 1 个百分点。对 A + 类、A 类规上企业实缴税收增长率 20% 以上且增长额度不低于 200 万元的分别给予 10 万 ~20 万元、8 万 ~15 万元奖励，规下企业国（地）税年实缴税收增长率 30% 以上且增长额度不低于 50 万元分别给予 8 万 ~15 万元、5 万 ~10 万元奖励。开展全市域“亩均效益”竞赛，实施分行业“亩均效益”领跑者行动，对领跑企业在政府性评奖评优、项目申报等方面给予特别倾斜，如对领跑企业分级给予奖励 20 万元、5 万元。

（三）建立了一个综合性大数据平台：高效透明，智能研判

2015 年，设计开发了集数据采集、核实、运算、汇总、展示、分析、共享于一体的企业综合评价大数据平台（网址：http：//gyqypj. yueqing. gov. cn）。通过几年的努力，大数据平台不断迭代升级，功能优化。当前大数据平台具有“亩均论英雄”改革、营商服务、产业平台、企业画像（含监测预警服务）等功能模块。依据大数据平台，可以通过深入开展分产业、分区域、分企业、多层次、多维度的数据挖掘分析，为精准服务经济高质量发展提供大数据决策依据。通过线上填报和数据审核，各部门导入评价数据，乡镇（街道）、功能区实地核实实用面积填入系统，再由企业查看数据核定结果，实现以经信部门

为主的常规评价方式向多部门、多企业参与的联动评价方式转变，实现大数据平台涉企数据的归集共享。大数据平台按照乡镇（街道）、功能区、职能部门工作职责分工，对各单位设定各账号权限和数据模块，共设立58个独立的管理账号；企业以自己的组织机构代码或统一社会信用代码为账号，登录填报、核对，可随时登录平台查阅相关数据，实现全流程公开。并由大数据平台实施数据匹配、自动打分、排序评价，企业可随时查询评价过程和结果，做到事先事中事后全公开，确保企业信息采集透明有效、数据运算实用高效。同时，通过用地、用电等评价数据的纠错机制，让企业从“被评价”变为“评价者”，2019年“亩均效益”综合评价实现零投诉，改革满意度不断提升。

二 “亩均论英雄”改革成效

多年来，乐清市坚持以高质量发展理念为引领，通过“全域化+、数字化+、差别化+”等措施，不断深化“亩均论英雄”改革，形成了“全域参与评价、全部数字运行、全面要素配置、全产业链提升”的改革特色，成效显著，走在浙江省县市区前列。2019年5月，乐清市“亩均论英雄”改革工作受到了省政府督查激励。

（一）规上工业企业获得新发展

在“亩均论英雄”改革激励下，乐清规上工业企业发展效益提升显著。乐清规上工业企业亩均税收从 2015 年 40.2 万元/亩增加到 2019 年的 61.07 万元/亩，年均增长率为 11%。除 2017 年在全省各县市排名第 11 外，其余各年排名均在前十位。2019 年，规上工业企业亩均税收 55.4 万元/亩①，列全省各县（市）第 1 名。

乐清规上工业企业亩均工业增加值从 2015 年的 207.4 万元/亩增加到 2019 年的 244.96 万元/亩，年均增长率为 4.2%。在全省 89 个县市中，各年均位列前十，2018 年更是位列全省第二。2019 年，规上工业亩均工业增加值 208.5 万元/亩②、低压电气行业单位增加值达 313.9 万元/亩③，均列全省各县（市）第 1 名。

2019 年，乐清规上工业企业全员劳动生产率为 17 万元/人，同比增长 7.66%。2019 年乐清工业企业研发费用投入达 35.84 亿元，比上年增长 12.3%，占营业收入的 2.59%。2019 年，乐清规上工业企业单位能耗工业增加

---

① 浙江省统计口径。除注明外，均为乐清计算口径。浙江省口径以全部规上企业和净入库税收计算。乐清口径，规上企业不包括 7 家公共类规上制造业企业，税收包含了出口退税优惠退税的实缴税收。

② 浙江省统计口径。

③ 浙江省统计口径。

值 5.67 万元/吨标准煤，同比增长 8.83%。

（二）低效企业改造提升取得新突破

乐清强化亩均导向，加速倒逼低效企业转型蜕变。一是加大补助力度。乐清率先在浙江省内对低效企业“精益生产”项目进行补助，加快淘汰落后产能，全面提高企业“亩均效益”。2019 年，北广科技有限公司开展精益化生产项目，安装布局车间低压流水线 2 条、高压流水线 1 条、自动上料机 3 台，提升月产值 38.5%，“亩均效益”综合评价由 B 类提升到 A 类；另外，电镀园区 23 家电镀企业在“精益生产”管理辅导下全部达到优良级别。二是加快改造提升低效企业。乐清通过精细调研，发现重点低效改造对象，重新确定发展行业，焕发新的市场生机。美联家私有限公司占地 61 亩，因传统红木家具销售市场不景气，2017 年亩均税收 2.1 万元，被列为低效企业改造提升对象后，主动改建成小微园，解决了 50 余家小微企业用地问题。

（三）潜力企业获得新发展机遇

一是挖掘优质企业。乐清通过建立的工业经济数据大平台，每月自动为 2 万余家工业企业精准画像，2019 年已培育发展高新技术企业 100 余家，小升规企业准达标 157 家，新增亿元企业准达标 34 家，新增专精特新培育企业 560 家；以亩均效益为标尺，新增小微园入园企业 249 家。在小升规正常扶持培育下，乐沪电子有限公司 2019 年产值达 4301 万元，增长 474%，亩均税收增长 260%；百士特 2019 年产值达 3835.92 万元，增长 134%，迅速升为规上企业。

二是挖掘自主创新“排头兵”。目前，乐清市已培育国家级专新特精企业 1 家、省级“隐形冠军”企业 2 家；另有 20 家企业入选省“隐形冠军”企业培育库；454 家高新技术企业“亩均效益”纳入了总体综合评价，90%以上高新技术企业评价结果为 A 类及以上企业。

三是倒逼企业强化创新投入。乐清市出台了大力度的“技改 + 金融”政策，对企业技改项目最高给予 20% 的贴息补助，对 A + 类企业技改项目补助提高 1 个百分点。2019 年立项项目 242 个，总投资 17 亿元，截至 2020 年 6 月 8 日，立项项目 208 个，达 2019 年全年 85.95%，总投资 16.99 亿元，成效明显。力达电器股份有限公司投入 1979 万元购置先进设备、重新布局生产流水线，2018 年亩均工业增加值高达 389.7 万元/亩，同比增长 64%；亩均税收达 75.48 万元/亩，同比增长 123.3%。

（四）资源要素配置效率全方位提升

一是通过差别化配置土地要素，有效破解土地资源供给制约。新增工业用地优先满足 A 类及以上企业的生产需求。2019 年至今，共新增工业用地 30 起 649.6 亩，95% 以上供给 A+、A 类企业。激励 A 类及以上企业以市场化交易盘活存量低效工业用地。2019 年，乐清市杰拉华电器有限公司通过二级市场交易取得 11.6 亩闲置工业用地用于扩大生产，2020 年前三季度实现产值逆势增长 24%。多举措提高集约用地率。开发区对 50 余家企业的近 25 万平方米闲置厂房进行“腾笼换鸟”；盘活跃华集团 1.3 万平方米闲置厂房给予半导体封测企业东和电子使用，实现亩均工业增加值 631.3 万元。加快处置“五未”土地[①]：已累计完成“三未”[②] 项目整治 101 个，共计 1473 亩。

二是通过差别化配置金融要素，进一步降低企业融资成本，破解亩均效益优质企业融资难题。乐清率先在温州市推出“亩均英雄信用贷”产品。当前，已为 12 家亩均效益优质企业授信 3921 万元。小微企业浙江久制电气有限公司通过“亩均英雄信用贷”获得了 1000 万元的融资，解决了优质潜力企业无其他抵押担保方式下的融资难题。

三是通过差别化配置能源要素，破解产业绿色发展难题。乐清深化差别化用水、用电、用气、排污权等政策，

① “五未”指批而未供、供而未用、用而未尽、建而未设、投而未达标。

② “三未”指用而未建、建而未投、投而未达。

如对末档企业执行惩罚性电价、水价政策，并列入有序用电和节能降耗预案“重点限制类”对象。工业企业单位排放工业增加值明显提升。

（五）全产业链提升成效上新台阶

乐清“亩均论英雄”改革聚焦重点，突出重点行业，实施“5+5”分类评价。乐清电工电气行业在改革中，成为分行业“亩均效益”领跑者，电工电气行业的支柱地位进一步得到强化。正泰、德力西、合兴、意华等4家企业被列为省级分领域分行业亩均效益领跑者；乐清经济开发区被列为省级开发区亩均效益领跑者。2020年，正泰、德力西等两家企业进入省制造业“亩均效益”领跑企业综合20强；乐清智能电气高新技术产业园区上榜浙江省高新区“亩均效益”领跑者。乐清智能电气小微园、乐清科技创业中心上榜省小微企业园“亩均效益”领跑者。37家企业获温州市重点行业“亩均效益”领跑者称号。

三 “亩均论英雄”改革启示

“亩均论英雄”作为一种新的考核经济发展的评价体系，不仅是促进经济高质量发展的重要成果，而且是乐清全面深化改革领域富有创造性的生动实践，对各地加快经济发展方式转变具有重要借鉴意义。

（一）注重政府与市场“两只手”结合

我国资源要素配置的体制机制障碍严重制约经济的高质量发展。一方面，政府越位会扭曲要素价格，导致资源错配；另一方面，政府缺位又会导致资源低效利用。乐清“亩均论英雄”改革在制度设计过程中，充分利用了市场在资源要素配置过程中的决定性作用，充分利用“价格”和“竞争”机制，实现经济利益的重新分配，激发各类市场主体的创新活力，更好地推动经济发展的质量、效率和动力变革。与此同时，又积极推进政府职能从传统的管理模式向公共服务型转变，以数据为依托，将综合评价的结果与差别化的资源要素价格挂钩，大力支持 A + 类和 A 类企业做强做大，倒逼 B 类和 C 类低效企业主动改造提升或“腾笼换鸟”，实施财政、金融、人才、用地、用能、用水、排污等资源要素差别化配置政策，推动低效的资源要素在市场重新流动起来，持续提升效益和效率。从中可以发现，“亩均论英雄”改革实际上就是在约束政府权力的同时做到有效的监管，矫正体制机制障碍所导致的资源要素低效利用，真正实现资源要素的市场化配置。

（二）注重正向激励和反向倒逼结合

“亩均论英雄”追求的是产业结构的持续优化，以

“亩产效益”为核心，不断提高土地利用率和产出率，同时，必须按照建设生态文明的要求，大力提高单位排放效益，有效控制污染物排放，切实改善生态环境，破解要素制约，实现集约发展。为了实现“推动‘亩产效益’综合评价以提高全要素生产率”这一目标，乐清全面实施量化的、可操作性强的差别化资源政策，建立激励倒逼机制。对A+类和A类企业减免城镇土地使用税、自用房产税等税费，加大技改项目和重大投资项目的补助力度，对C类企业加收水电费。在工业用地项目出让上实行准入制，一般情况下不对B类、C类以及规下企业供地；在此基础上，实行工业用地差别化起始价，促进优胜劣汰，提高资源的配置效率，不断增强经济创新力和竞争力。本质上讲，就是以最小的资源环境代价，获取最大的产出效益。

（三）注重创新理念与地方实际结合

在创新理念的指导下，结合实际，聚焦工业经济高质量发展，乐清深入推进“亩均论英雄”改革制度创新，以生产端的要素问题为突破口，实现资源要素的优化配置。乐清“亩均论英雄”改革打破原有制度的路径依赖问题，按照数据来源的真实性和科学性，持续完善评价指标体系。在2015年之前，主要采用亩均税费、税费总额和销售产值三项指标开展评价；2016年开始，构建了含亩均税费、税费总额、单位能耗产值、人均产值、单位排放工业增加值以及科技活动经费支出总额占主营业务收入比重的科学评价指标体系，确保评价结果更加科学、更加严密、更加有效。乐清的这种创新理念得到了社会公众、政府部门以及企业的普遍认可和支持。

（四）注重问题导向与目标导向结合

乐清“亩均论英雄”改革能够顺利实施，关键是围绕解决突出问题，并树立清晰的目标。乐清市资源要素紧缺和环境破坏严重等问题一直存在且日益突出，不少中小微企业占用了大量的土地资源，但仍然继续以低质、低价作为赢得市场的主要手段，单位产出极其低下。同时，企业排放污染物居高不下，严重影响了生态文明建设。为了破解这些难题，实现工业经济的高质量发展，乐清市政府通过明确属地镇街主体责任，深入走访企业，发挥行业协会的纽带作用，打造线上“大数据 +”平台，以及强化“亩均论英雄”改革的宣传，调动企业参与评价的主动性和积极性，高标准推进企业评价全覆盖，把握痛点堵点，精准施策，全面提升企业核心竞争力。

基层治理篇

从“一处美”到“一片美”
——温州乡村振兴示范带个案研究

陈中权　邓成瑶*

内容提要： 为贯彻落实乡村振兴战略，2018 年温州市启动乡村振兴示范带建设。作为温州市首批乡村振兴示范带项目，楠溪古韵乡村振兴示范带充分发挥生态资源禀赋的优势，采取点线面整体谋划、县乡村三级联动、人财物三环紧扣的运行机制，走抱团取暖、共同致富的路子，成了“亮丽风景带”“农民致富带”“文化传承带”“移风易俗带”“党建引领带”，为乡村振兴从“一处美”到“一片美”再到“整体美”提供了鲜活的样板。

关键词： 乡村振兴战略　乡村治理　共同富裕　乡村振兴示范带

* 陈中权，中共温州市委党校副教授，研究方向为温州地域文化；邓成瑶，中共温州市委党校助理讲师，研究方向为文化社会学。

农业农村农民问题是关系国计民生的根本性问题。全面建设社会主义现代化国家，实现中华民族伟大复兴，最艰巨最繁重的任务在农村，最广泛最深厚的基础依然在农村。2017 年 10 月，党的十九大提出乡村振兴战略，要求“按照产业兴旺、生态宜居、乡风文明、治理有效、生活富裕的总要求，建立健全城乡融合发展体制机制和政策体系，加快推进农业农村现代化”。2018 年 1 月，中共中央国务院印发《关于实施乡村振兴战略的意见》，提出了实施乡村振兴战略的目标任务，即到 2020 年，乡村振兴取得重要进展，制度框架和政策体系基本形成。

为贯彻落实乡村振兴战略，2018 年，温州市启动乡村振兴示范带建设，围绕“产业兴旺、生态宜居、乡风文明、治理有效、生活富裕”总要求，计划用 5 年时间，在全市布局建设 109 条乡村振兴示范带，以此作为实施乡村振兴的主抓手、主平台和主战场。乡村振兴示范带的基本内涵是指在突出当地产业、自然、人文特色的基础上，通过 5～10 个村联片共建，把美丽乡村串点成带，建设成为产业强、环境美、文化好、治理善、农民富的乡村振兴样板区，诗意宜居的新时代美丽乡村集聚区。截至 2020 年 12 月，全市共建成 81 条乡村振兴示范带，总投资 190.73 亿元。其中，2018 年建成 16 条，完成投资 51.73 亿元；2019 年建成 35 条，完成投资 75.158 亿元；2020 年建成 30 条，完成投资 63.83 亿元。示范带将各种资源、各种业态融为一个整体，互为补充、互相支撑，使原有散落在乡村的精品和亮点串点成线，连线成片，聚片成带，勾勒出温州乡村转型发展的新路径，打造了省新时代美丽乡村示范乡镇 61 个、特色精品村 189 个、3A 级景区村 196 个、美丽庭院 7.2 万户。众多节点村庄成为网红打卡点，初步实现了乡村从“一处美”向“一片美”再到“整体美”的华丽转变。

温州城乡之间差距很大，山区与平原之间差距也很大。全市“七山二水一分田”，山区乡镇数量众多。为此，近年来，温州实施西部休闲生态产业带建设。永嘉县岩坦镇地处西部休闲生态产业带，通过楠溪古韵乡村振兴示范带建设，不仅打造出一条内容丰富的风景线，而且有望形成一条共同富裕、可持续发展的乡村振兴产业链。楠溪古韵乡村振兴示范带在温州市 81 条乡村振兴示范带中颇具代表性。

一　楠溪古韵乡村振兴示范带的发展历程

岩坦镇地处温州北大门，与台州市仙居、黄岩接壤，区域面积 445 平方公里，由 5 个省市级欠发达乡镇撤并而来，是楠溪江源头、华东第一大镇、中国景观村落最多的乡镇（5 个），森林覆盖率高达 83%。辖岩坦街 1 个居民区、80 个行政村，2019 年村居规模优化后调整为 1 个居民区、48个行政村。总人口6.3万，大量青壮年村民外出务工，全镇常住人口以老年人为主，低保对象占到全镇人口的5%。基础设施和公共服务配套不全，经济基础较差，村集体经济收入渠道较窄，村民收入整体偏低。传统耕读传家的价值观正在瓦解。

（一）发展历程

楠溪古韵乡村振兴示范带于2018年5月开始打造，属于温州市首批乡村振兴示范带，共涉及14个村庄（村居规模优化后调整为8个村），约1.4万人。全长10公里，始于源头村，终于前溪村。建设项目有36个，包括屿北文旅、船工文化、嘉纳庄园、东岙花海、花漫源头、电商交易中心等亮点项目。截至2020年12月，财政总投入约1.8亿元。

岩坦镇率先创建乡村振兴示范带的背景主要有二：一是温州市大力推进乡村振兴示范带建设；二是岩坦镇具有良好的基础。2017年末，岩坦镇楠溪源头田园综合体成功列入省级田园综合体创建试点范围，成为温州市唯一入选项目，获7500万元省级财政支持和1250万元创建奖励。田园综合体由6个行政村集中连线连片打造，区域涉及土地面积12000余亩、山林面积21800亩、水域滩林650亩。以小舟垟村和屿北村为核心，辐射带动周边区域并形成相互促进、相互提升的格局；以农业生产与休闲农业为支柱产业，统筹运用美丽乡村建设、扶持村级集体经济发展成果等多种手段，意在实现农村生产生活生态“三生同步”、一二三产业“三产融合”、农业文化旅游“三位一体”。项目计划总投资约5亿元。永嘉县以此为契机，结合浙江省“大花园”建设、温州西部生态休闲产业带建设的历史性机遇，率先在岩坦镇启动试点，集中流转耕地5000亩、林地85000亩，计划高规格、高标准、高质量连线连片打造楠溪古韵乡村振兴示范带，走“村庄美、产业兴、农民富、环境优”的乡村振兴之路。

楠溪古韵乡村振兴示范带创建大致上经历了全域开展村居环境整治、精心谋划建设项目布局、大力加强基础设施建设、积极推进特色产业发展的四个阶段。

1. 全域开展村居环境整治

要发展必须整治脏乱差的环境。岩坦镇以全省开展小城镇环境综合整治为契机，大刀阔斧地开展村居环境整治，典型的有源头村、岩坦村。源头村曾经是岩坦镇典型的“脏乱差”之地，鸡粪满地，垃圾随处，小屋、露天坑挡着道，苍蝇蚊子满天飞。村两委将“生态宜居”锁定为村庄发展的第一个目标，谋划对全村门前屋后的乱堆放、附属小屋等问题进行专项治理，为发展腾出更多空间。在村党支部带领下仅用了一周时间整治小屋319间，为美丽村庄腾出5000平方米的发展净地，打造了一条300米长的花街、20余处美丽庭院、200亩花海，成功实现了“脏乱差”到“洁净美”的蝶变。岩坦村是岩坦镇中心区，2018年开展小城镇环境综合整治，深入整治脏乱环境，累计拆除村内违章建筑、露天粪坑等300处，累计拆违面积10900平方米，开展“道乱占”“线乱拉”“车乱开”等专项整治活动15次，全力推动“大拆大整”向“大建大美”嬗变。2018年，岩坦镇获省级小城镇环境综合整治先进，财政补贴7000万元。

2. 精心谋划建设项目布局

根据“产业兴旺、生态宜居、乡风文明、治理有效、生活富裕”的建设目标，围绕源头生态型组团的功能定位，立足丰富的生态资源和旅游优势，岩坦镇整合“省级田园综合体试点”“屿北古村文旅振兴项目”“嘉纳庄园”“水彩前溪”等资源，共谋划布局了36个项目，意在打造温州北大门的“耕读名镇、生态美镇、旅游强镇”。项目布局注重体现一村一品、一村一特色。

3. 大力加强基础设施建设

要致富，先修路。2019～2020年，永嘉县政府投入4000余万元，建设楠溪源头美丽河湖项目，对源头村至前溪村河道两岸约11公里的景观进行全面提升，打造了源头村和前溪村的滩林、亲水绿道、防洪坝、游步道等。2020年，又投入450万元，对溪口村至岩坦村约2公里的道路两侧进行景观提升。

4. 积极推进特色产业发展

推动产业发展是乡村振兴的重要途径。岩坦镇乡村振兴示范带建设坚持走一二三产融合发展的路子，以“生态经济化、经济生态化”为导向，积极推进生态农业、生态工业和生态旅游业融合发展，延伸产业链、提升价值链、优化供求链，完善分配机制，让增值收益更多留在农村、留给农民，形成了以文旅和农旅为主的多个特色项目，比如，东岙花海、皮划艇漂流、舴艋舟水上游、浙南农产品电商交易中心等。

（二）创新举措和亮点项目

楠溪古韵乡村振兴示范带是温州市两条跨区域精品带上的一个重要节点。在市、县两级领导的关心下，在市、县两级有关部门的支持和指导下，岩坦镇干部和群众凝心聚力，立足当地自然资源禀赋和产业特点因地制宜、创造性地开展工作，使楠溪古韵乡村振兴示范带呈现不少令人瞩目的创新亮点。除省级田园综合体外，零污染村创建、公墓革命、屿北村整村置换、浙南农产品电商交易中心、舴艋舟水上游、皮划艇漂流、东岙花海、14 个村联合党委等均有可圈可点之处。

1. 公墓革命：全生态化节地新葬法

岩坦镇以殡葬改革为切入口，对坟墓进行生态化改造，摸索出一条独特而全新的殡葬改革之路。目前已经历了“1.0”到“3.0”三个版本。所谓“1.0”版，是将集聚在高速公路口眠牛山的约100座私坟采取“只留墓碑、整体绿化、融入生态”的方法打造成休憩公园；所谓“2.0”版，是将小舟垟村140座私坟以“草坪+二维码鹅卵石”的生态化改造方法变“坟山”为“公园”；所谓“3.0”版，是在小舟垟村、岩坦村、坦一村3村试点新建“花园式墓园”，用景观树种为各个生态墓区命名，以林间风景观光小道作为间隔，每个坟穴占地0.5平方米，以成本价3000~5000元出售给村民。这种全生态化节地新葬法被命名为“归根园”，取“落叶归根”之意。节地生态葬法逐步实现了逝者安息、生者减负、移风易俗三者的有机统一，实现了从“千里孤坟生荆棘”到“绿水青山带笑颜”的精彩蝶变，既有力减轻了村民经济负担，又有效美化了村庄环境，获得了社会各界包括当地村民的高度好评。岩坦镇通过疏堵结合的方式根治了青山白化问题，成了殡葬改革的一个样本而受到广泛的关注。

2. 皮划艇漂流：项目众筹，村村分红

为挖掘水上旅游潜力，发挥水上漂流工具的串联作用，形成一条水上项目丰富、自然风光优美、景点分布合理的水上游览航线，岩坦镇开展了皮划艇漂流项目。项目位于岩坦溪，始于源头村，终于前溪村，全长3公里，采取“项目众筹，村村分红”的投资方式建设，即以村为单位出资入股项目，委托专业公司运营，盈利后按比例分红，2019 年每村每股分红 5 万元。众筹入股模式既为各村集体经济长期稳定增长增加了保障，也突破了仅惠及沿线个别村的局限，能推动全镇实现“先富带后富”。在遭遇到超级台风“利奇马”严重损毁后，2020 年又众筹投入 640 万元，完成了漂流码头、堰坝和相关配套设施及漂流河道整治工作。

3. 舴艋舟水上游：复兴楠溪舴船工文化

舴艋舟在楠溪江已有 1500 余年历史，20 世纪 80 年代前曾是楠溪江中上游最重要的交通运输工具，直到 20 世纪 90 年代公路运输逐步发达后才退出历史舞台。2018 年，岩坦镇以复兴船工文化为主线，通过打造舴艋舟、旅游埠头、舴艋舟博物馆等方式，开辟了源头村—前溪村的 10 公里全域旅游水上航线，试图变楠溪江美丽风景为美丽经济。舴艋舟自投入运营以来，几个月内成为永嘉水上旅游线路热门之选，国庆期间出现了“一舟难求”的现象，游客人数从过去的“零”突破了日均 8000 人次，舴艋舟门票收入日均达 2 万元，村集体也有了分红收入。船工文化的复兴直接带动了示范带沿线竹制品加工、布工艺等十余种传统产业的发展和 400 余名村民创业就业。市场化的手法让这种处于濒危状态的非物质文化遗产得到了活态传承，重出江湖的舴艋舟成了楠溪江两岸实现乡村振兴的新希望。

4. 农产品电商交易中心：打造温州首个农创客小镇

项目位于岩坦镇岩坦新区，为山早移民新村内的重要产业项目，是温州市首个农创客小镇。总用地面积约8688.06平方米，建筑占地面积4000平方米，总建筑面积15000平方米，总投资5000万元，所需资金由上级财政性资金予以解决。2020年，共投入2500万元，先后完成了征地政策处理、方案设计、立项可研性报告批复等审批手续，租用了岩坦新区约3500平方米店面作为一期工程，与阿里巴巴集团合作落户全省首批“村播学院”，农创客电商基地和来料加工车间装修已落实并投入使用，举办了“楠溪行·E嘉人直播”“村播学院培训”等10场大型活动；2020年下半年共培训农民主播200余人次，助力永嘉县入选国家电子商务进农村综合示范县、全省“互联网+”农产品出村进城工程试点县。浙南农产品电商交易中心有利于减少农产品流通中间环节，降低农产品的流通成本，健全农产品市场机制和功能，推动农产品产业信息化发展，壮大电子商务市场发展。

5. 源头村“美丽温州体验地”：乡村零污染的创新实践

为提高社会公众生态文明建设参与度，2020年，源头村建立了“零污染农田中水回用系统”“零污染生态农业体验园”“时光甬道生态长廊”等，同时在全省率先开展“零污染村”建设，被评选为全国首批“零污染店铺”“零污染民宿”。当前，源头村正在成为慢生活旅游点。

6. 屿北古村开发：村企合作，整村置换

屿北村手握“中国历史文化名村”“中国传统村落”“全国最美古村落”“中国景观村落”等金字招牌，村内租借保存着45座完整的古式四合院建筑。为了做到既保护好古村文化，又让村民的生活有奔头，岩坦镇党委、政府提出“整村置换”的开发模式，建“新村”换“旧村”，探索政府、村民、村集体和企业四方共赢的古村振兴工程，计划建成面积5平方公里的集古村复活、文化影视、多彩森林、创意田园于一体的文旅综合体。项目开始进展顺利，但由于投资方出现资金链断裂问题，该项目暂时搁浅，村民实际利益受损。目前，岩坦镇正在想方设法确保“整村置换”的改革优势真正转变为村民的股权红利。

7. 嘉纳农庄：大型创意农业庄园

嘉纳农庄位于溪口村小舟垟自然村，是一个集生产、观光、科普、休闲、旅游于一体的创意农业庄园，由一名归国华侨投资。该农庄规划面积5100亩，计划总投资约5亿元，共分五个区域，设有七大功能区，涵盖旅游、教育、文化艺术等六大业态，拥有荷兰进口营养土、以色列番茄、美国桑葚、日本橙等数十种国内外特色农业资源，以及自动恒温系统、灌水系统、光照系统等农业技术。嘉纳庄园已流转耕地2000余亩、林地4000余亩，实际投入约8000万元。2018年，嘉纳庄园正式营业后，小舟垟村还从门票收入中抽出10%作为集体收入，且每年拥有30万元保底收入。但三年来先后遭受棚户政策、超级台风“利奇马”和新冠肺炎疫情等因素影响，嘉纳庄园元气大损，目前正在恢复之中。

8. 东岙花海:田艺观光园

东岙花海是将西岸垟、东岙村七里垟600余亩高标准农田土地流转至楠溪源头田园综合体投资有限公司所打造的田艺观光园。园区内已陆续试植多彩向日葵、七色花、多彩水稻等多种观赏花卉和农作物，观光园内的木栈游步道、竹篱笆围栏、木小屋、观景台、3D彩绘已全面对外营业，带来了门票经济。

二　楠溪古韵乡村振兴示范带建设的运行机制

乡村振兴示范带创建是一个新事物，推进过程中必然会遇到诸多问题，村民眼前利益与长远利益的矛盾、村之间抢占资源的博弈、传统观念与现代观念的冲突时时处处都会呈现。岩坦镇乡村振兴示范带创建采用点线面整体谋划、县镇村三级联动、人财物三环紧扣，较好地解决了一些实际问题，并取得了明显成效。

（一）点线面整体谋划，着力描绘振兴新蓝图

1. 点上：厚植核心地带先发优势

将以“村企合作、整村置换”保护开发模式的屿北古村、浙江省第二批果蔬采摘旅游基地的嘉纳庄园作为核心地带，做文旅融合、农旅融合两大文章，进一步巩固核心地带龙头地位，支撑楠溪古韵乡村振兴示范带特色化、差异化发展。

2. 线上：做足水陆并进发展文章

陆上重点做好“一带”文章：以楠溪源头田园综合体为精髓，串联 S223 省道沿线一带源头村—前溪村 10 公里 14 个村庄，做强沿线村庄“带状经济”。水上重点做好“一路”文章：以复兴船工文化为主线，通过打造舴艋舟、旅游埠头、舴艋舟博物馆等多种方式，开辟源头村—前溪村 10 公里水上旅游航线，由专业旅游公司经营，变楠溪江美丽风景为美丽经济。

3. 面上：彰显村旅融合组团特色

坚持农业现代化与农村现代化一体设计、一并推进，按照风格迥异、定位交错、要素集约等原则，以“花漫源头”“水彩前溪”为实施空间布局，各自辐射周边至少两个以上村庄，带动周边村庄共发展、同致富。

（二）县镇村三级联动，竭力提振干事精气神

1. 健全县级工作机制

推出楠溪古韵乡村振兴示范带建设“精品大提升”“项目大推进”“干部大下沉”等十大攻坚举措，建立定期联席审查、媒体曝光传压、考绩跟踪督导等六大工作机制，由2位县领导全程指导、县考绩办按周督考、20余个部门“一对一”挂钩联系示范带具体项目，并给予示范带重点区域资金政策倾斜，力求项目建设早出成效。如县交通运输局整合美丽乡村经济走廊资金近400万元，优先用于示范带沿线S223省道两侧景观提升。

2. 点燃乡镇干事激情

倾全镇之力推进楠溪古韵乡村振兴示范带百日攻坚行动。组建楠溪源头田园综合体、省级卫生镇创建、大舟垟政策处理和小舟垟政策处理4个攻坚小组。攻坚小组采取“专班化运作”，根据工作需要，形成覆盖不同部门、不同领域的团队，分工协作、集中攻坚、找到答案、达成目标。自2018年4月16日开始，岩坦镇对各项工作任务倒排期限，制定“任务表”，绘制“时间图”，明确“方向标”，每位乡镇领导干部均领到了很不轻松的工作任务，为此还实施最强人事调整力度，一次性转岗提任26名中层干部。由此，全镇上下形成了浓厚的决战氛围。在百日攻坚战中，岩坦镇的干部戏称皮肤晒成了“岩坦生态色”。

3. 凝聚村居发展合力

整合区域党建资源，成立以 14 个村居为主体的楠溪源头田园综合体联合党委，指派镇组织委员担任书记，建立党建月联席协调会议制度，实行统一布局、共商共建，避免产业的同质化发展。同时，联合党委统筹红色力量、乡贤力量、公益力量，成立党员攻坚、乡贤谋划、公益服务等 5 支专业化志愿者服务队伍，推进区域内村企结对共建，助推楠溪古韵乡村振兴示范带高质量建设。2018 年，由楠溪源头田园综合体联合党委牵头，多次组织 19 个村 1000 余名村干部、群众分赴宁波滕头村、乌镇东栅、安吉余村、仙居下叶村等地“取经”，以“他山之石”激发村民旅游发展美好愿景，并依托“123”模式主题党日等载体，以党员活动不断凝聚发展共识，将村民心中愿景转化为眼前美景。如外出考察后，前溪村党支部带头成立旅游开发公司，全村 73 户村民每户至少入股 5 万元，募集 400 余万打造“前溪清水小镇”。通过联合党委推动村庄实现治权重新整合、资源统一调配、复杂村务扁平化处理，使村庄权力格局逐渐稳定、村际利益纠纷不断减少、村庄供给资源不断增加。

（三）集聚发展要素，跑出发展加速度

1. 盘活农村闲置资源

树立共享经济理念，加快推进乡村旅游供给侧结构性

改革，唤醒示范带沿线土地、民房等农村“沉睡资产”，激发农村发展活力，拓宽农民增收渠道。如屿北村计划将整村按照楠溪江建筑风格外立面改造的282间农房打包，与开发商合作，打造楠溪江特色产业集群。

2. 壮大村级集体经济

推出田园综合体“镇企村合作”运行模式，通过盘活用好集体资源资产、发展多种形式股份合作、转变村庄经营方式等途径，巩固“消薄”成果不反弹。由岩坦镇政府牵头成立楠溪源头田园综合体投资有限公司，与企业开展合作，采取入股合作的方式参与到示范带范围内各村的项目开发。如田园综合体投资有限公司负责的大楠溪河道疏浚事宜，所得收益将用于扶持周边14个村的集体收入发展项目，平均各村增收25万元。同时，按照“一次性流转三十年以上+按规定价格年结”、每年最低保证金、土地作价入股等方式开展村企合作，示范带内已按照年租金35元/亩、800元/亩的价格租赁集体流转林地12961亩、耕地3000余亩，带动沿线村级集体年均增收15万元。比如，源头村将200余亩土地流转给楠溪山水公司统一开发，打造出具有源头特色的新农业，并为村集体经济创收20余万元。

3. 带动村民创业就业

发挥重大旅游项目龙头带动作用，开发旅游服务岗位，引导示范带沿线老百姓从农民向产业工人转变，让村民在家门口实现创业就业。2018 年楠溪源头田园综合体区域已带动周边 500 余位村民创业就业，其中仅浙江嘉纳农业开发有限公司就发放工人工资 300 余万元。随着屿北古村文旅振兴项目风貌协调区改造的完成，在外做生意的许多村民纷纷回到村里，现已开设晴耕雨读、屿北小栈等多间民宿。在节假日的时候，这些民宿房间入住率达 80% 以上。源头村也开设了多家民宿。

三　楠溪古韵乡村振兴示范带建设的主要成效

党中央实施乡村振兴战略，意在让农业成为有奔头的产业，让农民成为有吸引力的职业，让农村成为安居乐业的美丽家园。岩坦镇由 5 个“省市级欠发达乡镇”撤并而来，属于典型山区，经济实力整体相当薄弱。楠溪古韵乡村振兴示范带以“两山理论”为指引，深入探索山区绿色发展新路径，乡村面貌发生显著变化，乡村发展活力得到有效激发，乡村文明程度得到较好提升，农民的获得感、幸福感、安全感明显提高。示范带不是简单空间意义上的串珠成链，差异化的项目设置让每个村居社区都各具特色、各呈精彩，成了“亮丽风景带”、“农民致富带”、“文化传承带”、“移风易俗带”和“党建引领带”。

（一）“亮丽风景带”：建设了诗意宜居的美丽乡村集群

示范带通过开展农村生活污水治理、厕所改造、农村生活垃圾分类处理、美丽乡村示范项目创建等环境整治，人居环境水平得到全面提升，“颜值”由“脏乱差”变成了“白洁美”，一幅幅看得见山、望得见水、记得住乡愁的美丽画卷开始铺展开来。最具代表性的变化就是源头村。“源头花漫处，踏石问轻舟”“源远舴艋舟，从此开头游”，这两句诗说的都是楠溪水上运输第一埠——源头村。这里曾经是环境脏乱的典型，如今却庭院美丽、花木环伺，实现了生态文明的蝶变，成为网红打卡地。该村已获得浙江省卫生村、省3A级旅游村、省级旅游精品村、省级书香村落、省级美丽宜居示范村和浙江省模范集体等荣誉称号。

（二）“农民致富带”：走出了快速稳健的产业发展之路

随着大量财政资金和工商资本的投入，示范带带动了乡村旅游、休闲观光农业、文化体验、养生养老等新产业、新业态、新模式的不断发展，使广大村民迎来了致富的春天，同时也激发了其创业的“动能”。例如，源头村融合发展中心副主任陈小静将自身形象与村庄发展紧密相连，注册“源头小静”商标，集中售卖头笋干、菜干、素面等一批特色农副产品，这些农副产品曾亮相浙江省农博会，受到《浙江日报》头版点赞。示范带既满足了农村居民消费升级需要，又吸引了城市居民下乡消费，让广大村民开始对未来有美好的期待。

（三）“文化传承带”：激发了耕读文化的保护利用热情

示范带通过努力挖掘当地特色文化，形成个性化标签，使优秀传统文化得到较好传承和发扬。源头村建立了舴艋舟博物馆，唤醒了乡愁记忆，赋予运输功能已衰退了的舴艋舟新的使命。溪口村是南宋著名理学家戴蒙、戴侗故里，也是楠溪江耕读文化发祥地之一，文化底蕴十分深厚，如今还保留南宋官道、李氏大屋和南宋污水净化系统等众多珍贵遗迹，但长期以来村民不知道珍惜。2020 年，岩坦镇投入 1000 万元开展南宋官道文化墙改造、宋代净水系统修复、明文书院重建等项目，使村民认识到古老文化的价值所在，耕读文化得到活态传承。

（四）“移风易俗带”：构筑了文明和谐的乡村生活风尚

示范带上的一系列创新举措无疑对广大村民的思想形成了强烈冲击，广大村民千百年来形成的根深蒂固的传统观念正在发生巨大改变，最典型的是小舟垟自然村。动祖坟，这在农村原本被视为不可能的事，但岩坦镇率先破题，把“拆坟”改为“绿化”，立足乡村实际，不动墓穴，只改外观，让坟圈坟头都消失，以楠溪江鹅卵石嵌入二维码来取代墓碑，既不动村民最关心的“祭祀根基”，又给村民绿水青山。环境变了，人们的思想和生活方式也跟着变了。以往缅怀先祖常是烧纸钱、拜坟头，现在不仅可以扫码了解先人生平，还可以传承家风家训，教育子孙后代爱护环境。2019 年以来，来小舟垟实地调研的各地考察团已有数百批次，周边村民也顺势整理起村屋和农产品，开始做起了小生意。示范带区域内还积极推进文化礼堂建设，开展移风易俗、美丽庭院创建、清廉文化建设等活动，塑造了乡村精神文风新面貌。

（五）“党建引领带”：夯实了党管农村的基层治理基础

乡村振兴示范带以“产业强、环境美、文化好、治理善、农民富”为目标，但在推进过程中也引发了阵痛，特别是开展整治脏乱差环境、公墓革命等，党群关系、干群关系一度十分紧张。比如，源头村两委谋划全村门前屋后的乱堆放、附属小屋专项治理时，视小屋为“房”，视“房”为根的村民们对拆除一事抵触很大，以陈小静为代表的村两委先后召开了党员大会、村民代表大会等 40 余次，最终讨论通过了拆除附属小屋相关决议，与村民沟通的工作持续了 1 个月之久，每天在村里广播提醒村民距离拆迁的时间。小舟垟自然村在推进公墓革命时也曾受到个别村民的强烈反对，局面一度十分紧张。示范带充分发挥农村基层党组织领导作用，通过抓党建促进乡村振兴。环境变美丽、道路变整洁、收入有提高的事实，使村民开始对党组织信赖了、对村干部信任了，镇党委、镇政府、村两委、村干部在村民中的威望也提高了。2020 年村组织换届选举时，示范带上的原村两委主要成员都顺利进入了新的两委班子。

四　楠溪古韵乡村振兴示范带建设的三个要领

2021 年 1 月，中共中央、国务院出台《关于全面推进乡村振兴加快农业农村现代化的意见》，对新发展阶段优先发展农业农村、全面推进乡村振兴作出总体部署，要求“乡村建设行动全面启动，农村人居环境整治提升，农村改革重点任务深入推进，农村社会保持和谐稳定”。岩坦镇楠溪古韵乡村振兴示范带的经验颇具借鉴价值。

（一）强化党管农村工作，为乡村振兴提供强有力的政治保障

在岩坦镇楠溪古韵乡村振兴示范带调研时，笔者深深感受到，作为经济实力薄弱的山区乡镇，岩坦镇之所以能在短短的几年内发生令人欣喜的巨变，关键在于当地党

委、政府的坚强领导。他们紧紧抓住国家实施乡村振兴战略的历史性机遇，以“功成必有我”的强烈事业心和“为人民服务”的责任感，把维护农民群众根本利益、促进农民共同富裕作为出发点和落脚点，以“绿水青山就是金山银山”理论为指导，以改革创新的精神打破“本本主义”，敢于直面难题，敢于与歪风邪气作斗争；坚持农业现代化与农村现代化一体设计、一并推进，善于找到突破口，认真谋划全局性、长远性的发展思路，积极争取上级的政策和资金等方面支持；勇于为干事者搭建平台，敢于为干事者撑腰，既尽力而为，又量力而行。

（二）科学把握乡村的差异性特征，因地制宜、循序渐进

楠溪古韵乡村振兴示范带上有一个有趣的现象，即一村一特色，如源头村创建零污染村、小舟垟村开展公墓革命、屿北村实施整村置换、岩坦新村尝试设立农产品电商交易中心等，同一示范带上相邻村落间社会、人文、市场、自然、政策、组织、制度和传统等方面实际上大致相同，却发展出了特色鲜明、优势互补的村落群，这是因地制宜、高度差异化发展的结果。所有的村庄都蕴藏着尚未被人们发现和重视的资源，包括社会、人文、市场、自然、政策、组织、制度和传统等方面的资源禀赋，重要的是去挖掘、使用和经营。良好生态环境是乡村发展的最大

优势和宝贵财富，发掘和运用资源禀赋就成为乡村振兴的当务之急。

（三）吸引各类能人在乡村振兴中建功立业，使之成为乡村治理重要主体

乡村振兴，关键在人。在楠溪古韵乡村振兴示范带的干部队伍中，被众多媒体津津乐道的是源头村的陈小静。这位曾在大城市经商的女性精明能干、视野开阔，在她的带领下，源头村的面貌发生了巨变。实际上，多数成功发展的村庄背后都有一位带有传奇色彩的精英人物，他们是在特定乡村被多数村民认可，具有较强的发展动力、个人能力和社会网络，有志于或正在或已经通过其专长带动乡村发展的人。他们是推动进步的“发动机”、集体行动的“火车头”、乡村发展的“铺路者”、对外联系的“架桥师”、乡村振兴的“带头人”，是中国乡村治理的重要主体，是推进乡村治理现代化的重要力量。乡村是一个可以大有作为的广阔天地，吸引乡贤、培育能人可以说是乡村振兴的关键所在。当前亟须贯彻落实中共中央办公厅、国务院办公厅《关于加快推进乡村人才振兴的意见》的精神，加强党对乡村人才工作的领导，将乡村人才振兴纳入党委人才工作总体部署，健全适合乡村特点的人才培养机制。

乐清“红色议事厅”构建社区共商共建平台

尚再清*

内容提要： 社区治理中存在一种“双向失衡”的困境。红色议事厅作为一个党建引领的多元主体共商共建平台，在对困境的回应中完成了从组织吸纳、激发自治到制度完善的渐进创新过程，凸显了连接社区治理主体，实现基层资源整合；加速社情民意汇集，实现社区主动服务；发挥党员示范作用，实现社区集体行动的内在逻辑。在未来推广中，还需细化规则、落实双报到制度并进一步培育自治力量，以推进红色议事厅的持续进化。

关键词： 党建引领　社区治理　红色议事厅

乐清市“红色议事厅”作为一项通过加强基层党组织引领能力，构建多元主体共商共建平台，并实现组织优

* 尚再清，中共乐清市委党校助理讲师，研究方向为社区治理与数字政府。

势向治理效能转化的创新实例，先后获得了人民网、光明网、《浙江日报》等各级媒体的报道，甚至还进入了2019年浙江省高考的语文试卷。在受到了广泛关注后，这一工作机制迅速被多地效仿施行，例如北京潭柘寺镇的“红色联盟议事会”、山东淄博长安社区的“红色小院议事厅”等，正在成为全国范围内流行的党建引领社区治理的新样板。

一　社区困境双重变化下的“双向失衡”

随着新型城镇化的不断推进，温州基层社会的空间结构、组织架构与运行机制正在发生深刻的变化。越来越多温州人的居所从“农村”变换为“社区”，例如中国最年轻的县级市龙港，就已经撤掉了下辖的所有农村而改设社区。变化不可能止于名称，人们从独门独栋由地到空的“单间式”住进了小区公寓式楼房，生活的空间结构产生了本质性变化；左邻右舍从世交旧友或者同姓族人换成了可能完全陌生的异乡来客，将人们聚集在同一居住空间的不再是自然纽带而更可能是相近的购买力水平；同村人共同从事农业劳作的情境再难寻见，精细化的社会分工让即使居住在同一屋檐下的人们也很难熟络起来。概言之，自然村落已基本退出历史舞台，原本相对单一、静态、封闭的温州基层社会在工业化、市场化浪潮的冲击下已变得充满异质性、流动性和开放性，原本适用于农村的基层治理机制必须进行恰当的调整乃至重构才能满足现代社区治理的要求。

与此同时，社区治理中的党建引领作用愈发受到重视。党的十八大以来，习近平总书记多次强调加强基层党组织建设，指出“基层党组织是贯彻落实党中央决策部署的‘最后一公里’”。在 2017 年 6 月颁布的《关于加强和完善城乡社区治理的意见》中，中央提出了“把加强基层党的建设、巩固党的执政基础作为贯穿社会治理和基层建设的主线，以改革创新精神探索加强基层党的建设引领社会治理的路径”。2019 年 5 月，中共中央办公厅印发《关于加强和改进城市基层党的建设工作的意见》，再次明确“城市基层党组织是党在城市全部工作和战斗力的基础”，要确保社区党组织有资源、有能力为群众服务，增强街道社区党组织的政治功能和战斗力。

可以说，在现实环境和政策导向双重变化的影响下，通过发挥党建引领作用来提升社区治理效能，既是温州各基层政府的政治任务，也是一种环境压力下的自然选择。但需要指出的是，加强基层党组织建设与社区治理效能提升既不天然同步也不必然构成因果。就党建而言党建，或者就社区治理而言社区治理，都很难在中国特色社会主义建设进入新时代的背景下取得真正的成功，只有针对社区实际采取科学举措才能实现基层党建对社区治理的有效引领。宏观地看，有学者把当前社区治理中的突出问题概括为一种“双向失衡”①的困境：一方面，基层党组织囿于单位制传统，总体上呈现单位党建强而社区党建弱的状态，社区党组织在社区治理中的动员能力、组织能力、吸纳能力偏弱，基层党建在社区深受“悬浮化”困扰；另一方面，街道办事处、社区居委会在基层治理中的权责利界定模糊，大量行政工作使社区居委会“退化”为镇街政府的任务执行层，社区自治能力发育迟缓，社区居民的多样化、精细化需求难以得到满足，对社区治理的参与感、归属感和获得感均处于相对不足的状态。

二　渐进创新：从组织吸纳，激发自治到制度完善

面对困境如何回应？基层的创新大多不是一蹴而就的，“红色议事厅”从雏形到成熟再到推广的发展进路，所体现的正是基层组织迎难而上，不断根据社区实际情况进行调适的渐进式创新过程。

---

① 、师林、孔德永：《制度—效能：基层党建引领社区治理的创新实践——以天津市“战区制、主官上、权下放”模式为例》，《中共天津市委党校学报》2020年第1期。

（一）发端：党建引领下的社区多元主体再组织化

“红色议事厅”的初创雏形，是景贤社区的“景贤里巷”工作室。景贤社区曾经是“城乡社区”，不同于普通语境下的社区，它属于街道进行区域划分后的片区管理机构，管理着4个村和两个居委会。这种社区形式带有温州时代发展的特殊印记，[①] 是街道办事处与村居之间的中间层。该社区所处的区域是乐清老县城的核心区，还留存很多老街小巷和弄堂，大多数居民也生活在这些街巷之中。2017年底，为了更好地组织和动员村居自治力量服务群众，当时的社区党委按街巷分片划区，让村居双委成员、本地党员等担任其所住街巷弄的街巷长，收集街坊邻居反映的各类问题。后因社区内老旧房屋数量众多，水电维修问题是居民最经常反映的，所以又吸纳了一批水电工作为志愿者，无偿为居民解决一些水电小问题。此后，由于街巷长们可以更经常性地与街道进行工作接触，“懂政策、知道找谁”让他们越来越多地开始担任街道和群众之间的中介，陪同不懂程序的老年人申报医疗保险、居间调解邻里纠纷等“便民助民小

① 项继权、李增元：《经社分开、城乡一体与社区融合——温州的社区重建与社会管理创新》，《华中师范大学学报》（人文社会科学版）2012年第6期。

事”也成为其工作内容。

然而，还是会有一些事项超出街巷长们的能力范围。例如2018年3月，有居民向街巷长反映环城西路辖区内路段路面破损，不但夜里重型车辆颠簸影响休息，居民出行也有较大的安全隐患，且清明节将近，该路段交通流量将急剧增大。道路修补远在街巷长的能力范围之外，甚至也不是社区或者街道能够解决的，需要向市政公用工程建设中心进行项目申报。但当时项目集中立项时间已过，该事项的落实陷入停滞。此时，时任社区书记的朱相洋想到了向社区里的“两代表一委员”① 借力。通过社区党委的动员，景贤社区的5名人大代表和2名党代表联名向市政公用工程建设中心申请，并最终推动了该项目的落实。此后，景贤社区党委愈发重视通过对各类社区资源的连接来解决社区“大事难事”，并逐渐将这种做法固化为一种“例会”工作制度。到2018年底，由社区党委书记担任“议事长”，邀请社区内部门站所负责人、“两代表一委员”、街巷长、网格长担任议事厅成员，每季度召开一次会议的“红色议事厅”工作机制初步形成。

不论是最初的村两委、街巷长、水电工，还是其后的“两代表一委员”、社区内部门站所负责人以及网格长，

① 党代表、人大代表、政协委员。

都是社区治理中应积极争取的治理主体。在发端阶段，景贤社区以社区群众的民生需求为导向，积极吸纳社区异质化的各主体参与社区治理，并将具体做法固定。这一过程中，社区作为街道办事处的片区管理机构，随着群众需求事项难度的增大，社区党委借助街道的权威对社区内的自治力量进行有效动员和再组织，并针对需要社区多元治理主体协商协调解决的事项搭建了“红色议事厅”的初步工作框架。

（二）成熟：党建激发社区自治力量成长

2019 年 5 月，景贤社区调整为城市社区，不再作为乐成街道的片区管理机构。社区所辖范围由原仓桥村、中心村、沐箫社区合并，辖区常住人口 2200 余户 4956 人，其中党员 131 名。成为城市社区后，景贤社区党委不再能直接借助街道办事处的组织动员能力，社区的自治能力显得更为重要。而“红色议事厅”运行一段时间后，社区内的几件大事难事得到了有效化解，群众反映的问题开始更多地集中在一些日常性的小事杂事。

例如，2019 年 7 月因雨水较多，社区内的乐成菜市场附近开始出现积水，需要增挖排水沟。这个工程虽不大却属于“邻避项目”——菜市场有海鲜摊位，污水臭味重，附近居民都不愿意自家门前增挖排水沟。社区党委通过“红色议事厅”召集住在附近的党代表和街巷长参与项目论证，并先把党员家庭的工作做通，使项目最终顺利实施。这种利用党员率先行动带动社区集体行动的模式被证明大有可为。台风“黑格比”袭击温州期间，景贤社区大街小巷被残枝落叶和满溢的河道淤泥覆盖，等待市政部门清扫将给社区卫生甚至居民健康带来严重不良影响。社区党委召开“红色议事厅”紧急会议，号召全社区131名党员上街义务大清扫。声势形成后的带动作用非常明显，最后全社区几乎每家每户都出人加入了清扫行动。一天之内，整个社区就恢复到了台风过境之前的状态。

党建于社区治理的作用应是引领而非包揽，因此让社区的自治力量不断成长成熟是“红色议事厅”获得长久生命力的关键。在这一阶段，景贤社区党委完成了从“单位党建”主体向“区域党建”主体的过渡，虽然不能再直接借助街道办事处的权威推进工作，但是“红色议事厅”这套逐渐成形的工作机制让社区党委的组织动员能力不断强化，也进一步激发了社区自治力量的成长。

（三）推广：完善制度进一步化解“双向失衡”

2019年底，乐清市委组织部在提炼和完善景贤社区相关经验的基础上，印发了《乐清市城市社区“红色议事厅”工作规则（试行）》，向全市42个城市社区推广该项工作机制。不同于前两个阶段，“红色议事厅”在这一阶段要实现“从一个社区好用”到“四十二个社区适用”

的转变，因此在主体、议题、程序等方面都有所调整。

经过这些调整，“红色议事厅”对各不同类型社区的兼容性加强，例如“四个平台”线上信息的汇入让问题收集渠道进一步拓宽，而督办反馈程序的明确和细化可以有效提升事项的办结率。“红色议事厅”的整个工作流程也有了一个标准范式。

表 1 “红色议事厅”推广试行阶段主要变化

类目	景贤社区试点时期	乐清全市试行时期
议事主体范围	群体代表、辖区单位代表、专业人士、自主参与协商的主体，具体按议题需要确定参议人员	增加“保留股份经济合作社的社区，应当吸纳股份经济合作社董事长为议事成员”以及“新兴领域行业较多的社区，应当吸纳新兴领域行业代表为议事成员”等具体条款。明确“议事成员由社区党委书记提名，经社区党委会研究后确定”
议题产生渠道	议题原则上由景贤社区党委提出，其他议题可由协商主体单独提出或各类多元主体共同提出，并报社区党委备案	增加“党建 App、社区服务热线、‘四个平台’系统等平台”渠道，随时广泛征集议题
议题分类	按协商对象分类，例如“社区与政府部门、社区与居民”等	按难度分类，分为“能办事项、涉部门事项、难办事项、社区层面无法办理的事项”，并对应地施行“立即办、限时办、协商办、跟踪办”的要求
督办反馈	商定事项由居（村）务监督委员会监督并反馈	建立“四具体两公开”制度，对每件“红色议事厅”协商决定事项均明确具体问题、具体措施、具体责任人和监督人、具体完成时限；建立“跟踪督办”制度，确定一名议事厅成员全程盯牢责任落实、盯紧办理进度和质量；建立“满意度测评”制度，每一件交办事项办结后，都要进行群众满意度回访，将结果及时反馈相关单位

资料来源：笔者自制。

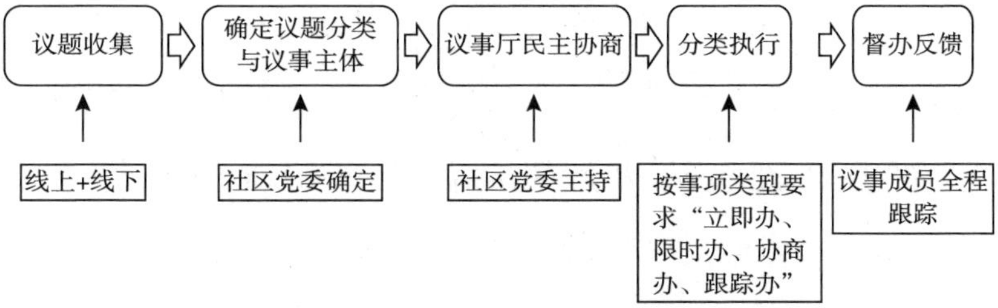

图1　“红色议事厅”工作流程

资料来源：笔者自制。

在这一阶段，乐清市委组织部向全市推广试行的红色议事厅工作规则，已经具备相对完善的制度设计，社区党委动员和组织社区各类主体的能力进一步增强；乡镇、街道“四个平台”等线上获得的民意信息可以更快速地进入社区党组织视野，与群众的紧密联系进一步获得技术支撑，社区党组织的“悬浮化”风险被有效规避；完整的“议事—执行—督办”流程，为社区提供了主动回应社情民意的工作框架，避免了社区向行政执行层的“退化”；对党员示范作用的强调，激发了社区集体行动形成的可能，为社区自治力量的成长营造了良好氛围。可以说，“红色议事厅”较好地化解了社区治理的“双向失衡”困境。

三　内在逻辑：组织优势向治理效能转化的有效平台

从2019年11月以来乐清全市42个社区的试点情况

看，“红色议事厅”在推进城市中心社区民生实事落实、矛盾纠纷化解等方面成效尤其显著。据乐清市委组织部统计，试行“红色议事厅”的社区民生难题破解率从80.1%提升至98.5%，矛盾纠纷调解率达96.1%，群众满意度高达98.3%。探明“红色议事厅”的内在逻辑，需要我们将理论视线聚焦于中国特色社会主义进入新时代这一背景下社区治理的具体情境——传统的“国家—社会”框架（其理论预设是政府与社会存在某种程度上的竞争，理想的状态是“小政府、大社会”）已经难以为我们理解当今中国基层正在发生的故事提供有力的帮助，充分考虑“党”的因素才有可能带来令人信服的解释。[①] 中国共产党具有政党的一般特性，即利益的综合和表达。但其更为显著的特殊性在于它作为中国的唯一执政党，必须在各个方面发挥领导作用。“红色议事厅”的成功秘密或许正在于它通过细致的制度安排，突出了社区党组织在社区社会中的核心领导地位，将党在基层的组织优势有效转化为治理效能，为社区党组织直接、快速地回应居民需求提供平台，为社区治理的多元主体集体行动带来可能，也为突破“双向失衡”的困境提供了一条可行路径。具体而言，“红色议事厅”做好了以下三个方面的工作。

① 戚玉、徐选国：《从政社关系到党建引领：理解社区治理的范式转化与经验嬗变——基于对上海沪街的实证研究》，《学习论坛》2020年第2期。

（一）连接社区治理主体，实现基层资源整合

党建引领社区治理的模式，既是基层社区党组织建设发展的过程，也是一个社区的政治整合过程——按照政治整合理论，分化、异质的社会需要由政治主体将不同的社会和政治力量，有机纳入一个统一的中心框架中，实现政治社会一体化。① 以社区“大党委”为核心的“红色议事厅”，可以充分发挥党的组织优势、组织功能、组织力量，可以最大限度地吸纳社区各层面的治理主体，特别是经合社成员、往届干部、“两代表一委员”、驻社单位党员等有公共管理经验和社会影响力的社区精英可以在社区党委统筹下被连接到一起。同时，“红色议事厅”议事成员的确定上富于弹性，社区党委可以根据具体议题的需要确定当期会议的参会议事成员，这样的设计使议事厅在商议时可以兼顾成员代表性和议事高效性，提升决策效率。此外，伴随主体被连接到一起的还有社区内外的资源。社区内部资源不必赘述；将“两代表一委员”、驻社部门单位负责人等主体进行组织连接，还可以带来例如相关工作试点建设、建设项目临时增列等资源。

① 吴晓林：《党如何链接社会：城市社区党建的主体补位与社会建构》，《学术月刊》2020 年第 5 期。

（二）加速社情民意汇集，实现社区主动服务

社区服务主动化的前提是社区内居民需求等信息的通畅流转。在“红色议事厅”的规则约束下，议事厅成员定期通过上门收意见、网上征意见、定点集意见等方式，多渠道、多途径汇集社情民意。具体的做法在乐清不同社区有不同称谓，如部分社区党委摆开“问需台”，也有社区党委牵头组织召开“问需问计问效会”，邀请村社干部、群众代表、企业代表、“两代表一委员”等社会各界人士参与，围绕民生需求征询各方意见。另外，社区内部门站所建立了定期的“民情接访日”制度，例如大荆镇云泽社区各驻区单位每周三委派一名骨干工作人员到社区党群服务中心开展驻点服务。效果更明显的信息渠道来自线上。部分社区通过党建 App、服务热线、“四个平台”、居民代表微信群、网上舆情工作室，打通了“线上 + 线下”的信息采集管道，社区获得信息更为迅捷全面。总体而言，得益于议事主体和信息渠道的多元化，社区可以更方便更清晰地听到各个层面的声音，因此可以更快更主动地做出反应，各种民生事项也由原来的“难发现难落实”转变为“早发现早落实”。

（三）发挥党员示范作用，实现社区集体行动

社区治理离不开有效的集体行动，而社区集体行动的

基础是社区共同意识，因此要打造共治共建共享的社区治理格局，必须广泛动员社区成员形成社区共同意识。社会建构理论认为，共同意识的发生过程分为三个层次：公共话语的层次，与集体认同感的形成和转化有关；劝说性沟通层次，发生在各类社会组织及其动员活动中；意识提升层次，发生在集体行动一幕幕活生生的场景中。① 这要求社区治理的核心主体充分掌握社区公共空间的话语权并拥有足够的动员技巧。在中国基层社区治理的具体情境中，只有中国共产党的社区组织有条件、有意愿、有能力完成社区共同意识的塑造并进而引导社区集体行动。尽管当前由大量陌生人构成的社区中，邻里关系淡漠给这一过程带来了巨大阻力，但“红色议事厅”可以让社区党组织紧握“社区党员”这一抓手，借助党组织在政治动员和纪律约束方面的固有优势，促使社区党员在社区集体行动形成的各个阶段起到带头和示范作用，以党员行动撬动社区层面的集体行动。而对社区共同意识最好的升华塑造方式正是集体行动本身。通过参与社区集体行动，更多居民对于社区的主人翁意识和责任感加强，“党建引领共同意识—共同意识带来集体行动—集体行动滋养自治力量—自治力量助益党建引领”的一种互构循环过程得以实现。

① 刘厚金：《基层党建引领社区治理的作用机制——以集体行动的逻辑为分析框架》，《社会科学》2020 年第 6 期。

综上所述，“红色议事厅”通过一整套制度安排，既为社区党委赋能，使其能精密连接社区治理的多元主体，大大提升组织动员能力；也向社会授权，让更多的社区自治力量获得参与社区治理的渠道和便利，从而推进了党社互构的进程。

四 持续进化：“红色议事厅”进一步推广的困难与探索

2019 年温州完成了新一轮村社规模优化调整，这也是历史上温州社区组织调整力度最大的一次。调整后，全市城市社区由 260 个增加到 583 个，社区数量急剧增多。2020 年全市村社组织换届实施完毕，社区治理面临很多新的挑战。除了宏观上的“双向失衡”，就温州社区的具体情况而言，还有两个问题需要重视。

一个是社区与股份经济合作社之间的协调机制未理顺。现有的社区和股份经济合作社存在“管辖范围、服务对象、领导班子、职责边界”多个层面的交叉重叠，治理效能客观上受到了影响。例如，普遍认为经济合作社应主要承担经济发展职能，而社区主要负责服务与安全等职能，但是《浙江省村经济合作社组织条例》又明确规定经济合作社应“提供社员生产经营和生活所需的服务”，这种职责上的重叠使大量社区服务性工作存在推诿空间。同时，在社区工作经费层面，如果依赖于财政补助，容易形成瓶颈；如果依赖于经济合作社补助，则有可能影响社区党委的领导力。另一个是大量社区的自治力量依然较为薄弱。社区居民对于社区公共事务的关心、社区的公共经费、公共空间等要素都会影响自治力量的成长。在经历村社规模调整之后，很多社区居民间的熟悉程度下降，互信互助的动力缺失。特别是由村并入或转化成社区的，基于集体经济利益的联系仅保留在经济合作社成员之间，社区层面的共同关注点相对较少。另外，多村并一社、住宅小区化、流动人口多也使很多社区整体层面的公共空间难以得到充足供给，社区居民缺少能够交流并建立熟识关系的场域，阻碍了社区的凝聚与融合。

“红色议事厅”已经展现作为社区治理框架的良好潜力，如何对其相关规则进行深入细化调整，更好地面向温州社区实际以提升其实效？乐清的试行工作还在不断走向深入，目前至少有三方面工作可以帮助“红色议事厅”的持续进化。

一是细化规则，进一步提升适用性和实用性。当前试行规则更多地考虑了城市中心社区的情况，针对城郊及多村合并而成的社区在治理主体关系协调和任务分配上，社区党委和经济合作社应如何调适没有明确规定；在具体操作层面上，现有试行规则中“协商议事问题清单”所罗列的内容也并不很适用。因此，需要细化规定表述和具体操作指引，特别是对于社区党委和经济合作社的关系做出妥善安排，突出社区党委的核心领导地位，加强制度约束“硬度”。另外，还要提升“红色议事厅”推进社区各项工作的数字化程度，简化、精确化社区民情数据的采集、流转与反馈过程，让社区治理和居民生活尽早享受技术发展红利。

二是落实双报到制度，进一步加强社区的红色力量。在“红色议事厅”成效显著的社区，党员居民积极参与社区活动都是关键因素之一。但是目前对社区内在职党员的组织动员很多还依托于社区党委负责人的个人魅力或人际关系，缺乏足够的制度支撑。天津市强化党员“双报到”要求，通过在社区设立党员管理手册，并根据在职党员的行业特点提出针对性的志愿服务要求，积极将外部资源引入社区；在此基础上，根据党员管理手册规定的各项考核指标，汇总积分，实时公开考核结果。由此，天津逐步实现了组织内党建对社区党建的反哺。[①] 温州同样可以参考上述做法，将党员参与所居住社区志愿服务工作的时长和具体表现情况作为党员评优评先的考核指标之一，并将该项考核权交由社区党委行使，真正落实党员“双报到”，让社区党组织拥有更强的人力支撑。

---

① 吴晓林：《党如何链接社会：城市社区党建的主体补位与社会建构》，《学术月刊》2020 年第 5 期。

三是优化环境，进一步培育社区自治力量。社区党建对社区治理的作用是引领，能够承载“美好生活”的社区最终还要依靠自身的自治力量。因此，首先要大力培育自治意识。从农村到社区，传统民俗提供的社会秩序支撑在减弱，社区居民更应该树立“自治是权利，更是责任”的意识。例如，日本的社区劳动（大清扫、高峰时段学校路口的秩序维护等）即由所有社区成员轮流担负。“红色议事厅”应发挥宣传和示范平台的作用，积极宣传并引导居民的意识转变。其次，大力破解社区“陌生壁垒”。加大对社区红色阵地打造、公益活动开展、公共空间建设等方面的补助，同时提倡部分社区服务的自我供给，通过集体服务行动为社区成员提供更深入的交流机会，让“邻里人情”回归社区。最后，促进社会组织与社区的供需衔接。社区是社会组织的大舞台，“红色议事厅”应积极吸纳社会组织相关人员开展工作，梳理社区需求信息并与相应社会组织保持沟通，为社会组织参与社区治理提供流畅通路。

参考文献

师林、孔德永：《制度—效能：基层党建引领社区治理的创新实践——以天津市“战区制、主官上、权下放”模式为例》，《中共天津市委党校学报》2020 年第 1 期。

项继权、李增元：《经社分开、城乡一体与社区融合——温州的社区重建与社会管理创新》,《华中师范大学学报》(人文社会科学版)2012 年第 6 期。

戚玉、徐选国:《从政社关系到党建引领:理解社区治理的范式转化与经验嬗变——基于对上海沪街的实证研究》,《学习论坛》2020 年第 2 期。

吴晓林:《党如何链接社会:城市社区党建的主体补位与社会建构》,《学术月刊》2020 年第 5 期。

刘厚金:《基层党建引领社区治理的作用机制——以集体行动的逻辑为分析框架》,《社会科学》2020 年第 6 期。

“智慧村社通”：“指尖”上的村社自治大平台

陈　勋　何长缨　金娴婧　赵娅倩*

内容提要： 社会治理创新必须精准回应社会与治理的实际需求，并与治理目标的价值取向相耦合。为进一步提升基层全域智慧化自治水平，促进现代信息技术和基层自治的深度融合，应对基层自治面临的困难与挑战，温州市通过资源整合，利用互联网智能技术，将管理、服务、参与三者集成，打造了“智慧村社通”基层自治综合平台。平台集村社事务管理、民众互动参与、部门远程监管于一体，借助治理过程的追踪化、治理方式的数字化、治理内容的留痕化、治理路径的扁平化、自治参与的便捷化等路径，通过推进信息公开、健全议事协商、强化权力监督、扩大公众参与、增进社会福祉，提高了基层自治的“精细

* 陈勋，中共温州市委党校副教授，研究方向为社会转型与乡村发展；何长缨，温州市民政局基层政权和社区治理处处长；金娴婧，温州市民政局基层政权和社区治理处副处长；赵娅倩，中共温州市委党校助理讲师，研究方向为基层党建和廉政建设。

化”程度，提升了基层治理体系和治理能力建设水平。“智慧村社通”的意义不仅仅是将现代科技嵌入社会治理，更在于其为塑造标准化、法制化、规则化、程序化与科学化的治理技术体系，为公共管理效率与治理效能的提升、基层社会自治形态的重塑、社会主体公共性的增长带来更多可能。

关键词：“智慧村社通”　自治　智治

一　“智慧村社通”产生的背景

基层治理是国家治理的重要基石。党的十九届四中全会提出，要“健全党组织领导的自治、法治、德治相结合的城乡基层治理体系，建设人人有责、人人尽责、人人享有的社会治理共同体”。其中，自治作为三治之首，是基层治理的基础，也是核心。但其实自治又是基层治理中相对薄弱的环节，面临诸如基层自治意识和自治文化需要进一步培育、自治能力需要进一步提升、基层自治主体活力需要进一步激发等问题，必须在新形势下结合实际通过基层治理创新予以解决。当前，网络信息技术日新月异，全面融入社会生产生活，推动社会进步革新。要充分利用信息化手段，加快推动互联网和基层社会自治的深度融合，进而推动基层治理的创新发展。为此，温州市民政局于 2019 年 6 月推出了“智慧村社通”平台，力图打造一个“指尖”上的村社自治集成平台，推进基层全域自治的智慧化水平。

“智慧村社通”是一个集政府监管、村社事务管理、民众参政议政于一体的基层综合自治平台。截至2021年3月，“智慧村社通”平台已覆盖全市13个县（市、区）、产业集聚区，所有村社已全部启用，形成了市、县、乡、村到基层村（居）民的五级全覆盖体系。注册居民共64万人，访问量905万余次，发布动态51230条、四类会议台账3566条、村社公开信息58488条。一年来，作为温州市“智治”的重要抓手，“智慧村社通”已得到国家民政部、浙江省民政厅、温州市政府的充分肯定，相关做法在全省乃至全国尚属首创。全国社区建设部际联席会议简报2019年第21期刊发了平台相关做法；2020年，国家民政部网站于3月30日刊登《温州：指尖上的基层治理》，《浙江民政信息》于8月27日刊发《温州全域自治一张网平台》；2021年5月29日，《温州信息》第40期为平台相关做法点赞，《中国社会报》《乡镇论坛》等全国性媒体均多次宣传温州做法。温州市推出“智慧村社通”主要是基于以下需求与考量。

（一）政府需求：畅通信息链条，提升治理效能

1. 畅通信息链条，实施有效监管，规范基层组织运作的需要

首先，如何实现基层村社与上级部门之间的有效沟通

与联动，是基层治理亟须解决的难点和堵点问题之一。近年来，随着地方党委与政府工作重心下移，各种行政事务和突击任务也随之往基层累积。对于相关的治理责任与任务落实，上级政府对基层组织基本侧重于结果考核，对其具体的治理过程一般难以进行追踪监督，同时也难以提供相关的服务与帮助。因此，需要搭建相关渠道，既能不增加过多的治理成本，又能使政府部门相对便捷地知晓和监督基层工作情况与动态。

其次，基层治理的根本目的是服务于民，提升人民的安全感、获得感与幸福感。因此，必须建立高效的信息传导与沟通机制，及时传达群众诉求或相关惠农利民政策等信息，实现基层治理与群众需求的有效对接。对接的基础首先便是政府及有关部门要及时了解和掌握基层组织工作情况与群众诉求。目前，政府与村（居）民两端之间不同程度地存在信息链条断裂的问题，群众对公共服务的需求与呼声及对公共管理的意见建议的传递渠道很有限。其次，政府与村社之间也存在信息难以高速互通的情况。最后，部门之间信息互通和整合方面，上级政府、部门在村居事务与数据采集中往往各自为政，村社原始数据只能单点堆积，无法及时为决策提供科学依据。

2. 村社去“行政化”与基层减负的需要

长期以来，上级政府、部门的政治压力和行政任务让村社“过度行政化”，成为饱受基层诟病的治理难点。尽管这几年基层治理已经开始呈现现代化治理的初步样态，但体制和结构依然保持着一定的行政化特征，如行政干预多、自治性不足、民众公共参与欠缺等。“上面千条线、下面一根针”，基层人力、资源、权力均有限，却又任务繁重、责任刚性，被衍生和被转嫁种种不合理的任务与负担。一些地方与部门严重的形式主义、官僚主义又进一步加剧了这种负荷与压力。治理的最终目标是实现善治，改善人民生活。若基层自治主体投入大量精力致力于“行政”，那么治理也就偏离了其本源目标。在倡导治理体系和治理能力现代化的大背景下，类似“形式化治理”与“疲态化治理”终将不可持续，因它无法产出真正的治理绩效、提升效能，还容易使治理陷入“空转”。

（二）村社需求：提升村社自治水平，凝聚治理合力

1. 规范信息公开，解决民主监督不到位的需要

《浙江省实施〈中华人民共和国村（居）民委员会组织法〉办法》第八条第九项规定，建立健全村务公开和民主管理制度；第二十九条规定，一般事项至少每季度公布一次；涉及村（居）民利益的重大事项应当随时公布；集体财务往来较多的，财务收支情况应当每月公布一次。公布的村务事项应当真实，并接受村（居）民的查询和监督。但目前村（居）财务公开不到位，党务、事务公开不及时、不规范的现象仍然存在。必须强化各类事务公

开，拓展公开形式与载体，并注重公开内容的及时性、真实性及有效性，以充分保障村（居）民的知情权和监督权。

2. 提升村社管理效率，促进村社自治民主化与法制化的需要

目前，村社组织大多还是采用传统的人对人、面对面的管理模式，信息公开采用传统的纸质、橱窗、展板等方式，公开效率低且无法形成规范化的台账。大量行政工作也是传统的纸质书写，工作效率不高，无法适应新时期社会发展要求，需要加强基层治理的信息化与智能化建设来提升村社管理的整体效率。此外，基层自治中民主选举形式化、民主决策表面化、民主管理不规范等问题也时有发生。一些地区村社事务管理不规范，未能真正按照民主管理制度与程序来开展，政策执行不透明，过程结果不公开，同时又缺乏有力而有效的监督。

3. 融洽干群关系，凝聚治理合力的需要

在基层，干群关系的紧张点主要来自涉及群众切身利益的问题（如拆迁）与民主管理问题。日常工作中，群众对干部的不信任尤其表现在财务与人事方面。这种不信任源于村（居）民对村（居）事务、财务等缺乏足够的了解和监督，也源于干群之间缺乏有效的沟通和理解。一些村社干部不注重民主管理，直接“替民做主”，在村务管理问题上与村（居）民的交流和宣传都不到位。因此，部分群众对村社工作不知晓、不了解也不支持。在信息严

重不对称的情况下，村社干部做工作经常“吃力不讨好”，还常常被误解，导致干群感情生疏、情绪对立，不利形成治理合力。

（三）民众需求：保障民主权利，增享公共服务

1. 保障知情权、参与权、表达权、监督权等民主权利，促进参政议政便捷化的需要

目前，村（居）民对村社事务的知晓、参与、监督的渠道都相对有限，限制了村（居）民知情权、参与权、表达权、监督权等基本权利的实现，民主与自治出现了一定程度上的“形式运作”，且极易异化成“他治”。民众对“被民主”“被协商”“被参与”“被治理”的不满和抵触情绪，经日积月累容易成为社会不稳定的潜在隐患。此外，随着社会经济发展和城市化的推进，社会流动性大大增强，村（居）民外出已经变得相当普遍。外出村（居）民或因长期身处异乡或因“政治冷漠和悲观”等，对村社事务及其发展并不关心，对参与基层自治的积极性也不高，而这些外出人士中有很多是综合能力强的社会精英。因此，如何提升全体村（居）民的民主参与度，汇聚更多的治理资源与智慧，是当下基层治理需要突破的一个难点。

2. 惠民利民公共服务提升的需要

当下基层，尤其在农村，民众对一些惠民政策、法律

法规等相关知识的知晓度与使用率并不高。目前的政策法规宣传还是存在渠道狭窄与传递不足等问题。一些村组干部还存在落实惠农政策上不公开、不公正、不透明等问题。为此，需要让惠民政策与群众“零距离”，以有效提高群众对各类利民惠民政策的知晓度及政策落实的监督力度。此外，从农民增收角度看，农村农产品销售渠道狭窄、农民信息资源有限等问题也在农村不同程度存在，政府可在这些方面有所作为，提供相关服务与帮助，促进公共服务供需两端的精准匹配。

正是针对上述需求与问题，温州力图整合资源、打破壁垒，通过将大数据、移动互联网技术融入村社自治，把“智慧村社通”打造成为基层自治大平台，通过“码上参与”“码上管理”“码上协商”“码上监督”“码上服务”“码上民情”来推动基层社会治理微改革，以有效提升基层社会治理效能。

二　“智慧村社通”的构成及运行

温州“智慧村社通”平台分“首页”“动态”“回家”“发现”“我的工作”5 个板块，有公众号、微信小程序、网页版 3 个入口。平台通过数字化、智能化手段，打破身份、组织、时间、空间等限制，致力于打造基层群众灵活参与基层民主自治的信息大平台，并承载着推进基层全域智慧化治理的使命。“智慧村社通”平台于2019年6月正式上线，一期项目主要设置了组织公开、事务公开、便民服务、工作辅助、我的信息等工作模块，并承担以下功能。

（一）信息公开

平台的信息公开功能旨在通过组织结构的公开和相关事务的公开，让民众及时了解基层组织运行情况，充分保障群众知情权。平台在不同模块内展示组织结构的相关信息，具体有：村（居）党支部委员会、村（居）民委员会、监督委员会、经济合作社、集体经济组织的组成、届期和职责；村（居）民会议及村（居）民代表会议相关情况；村（居）情、村（居）史；群团组织及其他社会组织组建情况和活动情况；专业社会工作服务情况等。

事务公开的信息包括政务、村务、财务、一事一议、通知公告等。事务信息由各级管理员、操作员通过服务端、移动端上传发布，发布后的内容将推送至相关上级部门，同时村（居）民也可在移动端查看最新公开的事务信息。其中财务公开可根据财务分类，按月度或季度填写相应财务数据，并自动将数据汇总上报至上级，上级部门可查看辖区内所有部门汇总上来的财务数据，方便财务统计。

平台移动端支持村（居）民对本村（社）事项进行咨询，内置常见问题模板，支持通过语音、文字、图片发送问题。村（居）民提问后，平台向移动端发送消息来提醒本村（居）管理员、操作员进行回复，村（居）民可在“我的建议”中查看反馈结果。

设置信息公布与查阅权限。高等级权限内容仅上级部门镇街和本村（社区）干部查看，中等级权限内容对所在村（社区）所有人员公布，低等级权限内容对所有浏览者开放。如“码上协商”“财务公开”等栏目只对本村村（居）民开放，其余人员无权参与和查阅，打消了村社干部担心信息公开外泄的疑虑。

（二）利民便民服务

平台囊括“政策法规”“科普教育”“乡村振兴”“名特优”“农家乐”等栏目，及时推送与村（居）民切身利益相关的惠民利民政策，并应时应季推送名特优产品、精品旅游线路和农家乐，拓宽农副产品销售渠道，多角度提供贴近群众生活的服务。

1. 推送政策法规，普及科学知识

及时向村（居）民推送法律法规和各级政策文件，特别是与村（居）民利益相关的惠民政策；开展农技知识培训、婚姻家庭教育等基础教育，方便村（居）民加强自身学习，及时了解政策动态。

2. 名特优与精品旅游

定期发布省市级以上评比推选出的名特优产品（包

括产品名称、产地、价格、图片）与旅游线路、农家乐（包括线路名称、区域、适合游玩时间、景点图文介绍、行程介绍、费用说明等）。可设置推广范围和时间。镇街一级负责把关审核，确认发布信息的真实性和有效性。

3. 村长信箱

打通村（居）民反映问题的渠道，方便及时了解村（居）民需求。村民可以以语音、文字、图片等形式向村两委咨询或提出意见、建议，提问后可在“我的信息—我的互动”中查看。移动端会发送消息提醒本村村长进行回复，村长登录后该模块显示回复问题和数量、已回复问题和数量，并可设置将问题公开。村两委在一定期限内予以答复。上级有关部门定期汇总查看辖区内村（居）民意见与建议，及时了解民情舆论，形成良性循环。

4. 应急辅助

收录采集各地设置的避灾安置场所地址，协助避灾救护工作。村民在灾难来临时可第一时间通过手机地图指引前往避灾点寻求帮助。平台以地图形式展示当前登录地区附近避灾安置场所，点击具体场所便可显示该场所详细信息，包括名称、地址、联系方式等。

（三）工作辅助

为方便各级干部开展村社事务管理工作，提高工作效率，平台设置了相关工作辅助功能。

1. 工作监督和展示

按市、县、乡、村、村（居）民 5 个层级设置，实时收集两委工作开展情况，通过信息推送功能提示其按时完成工作，未按时完成者视情况同时通知上级部门，由上级部门完成督促工作。平台设置“动态”模块，村社干部可实时在线发布工作动态，村（居）民、群众随时点赞或分享，给村社干部和群众建立实时沟通渠道。管理员可选择发布层级或用户，发布后的内容可删除。

2. 数据统计

各级部门可以通过后台提取辖区内相关统计数据，既可为政策制定提供依据，又可避免基层组织统计工作重复进行，实现基层减负。

3. 村社台账电子化

收集汇总各村（居）公布的财务报告、村（居）委会成员、民主协商结果等信息并归档，形成电子台账档案，保证各村（居）事务有据可查，有史可鉴。

“智慧村社通”通过上述功能设置①（见图 1），实现了小微权利透明化，即实时发布村社动态和村社建设进展情况，实现村居事务事前、事中、事后随时公开；历史记忆纪实化，即以云服务器形式，实时集成各村社历史档案

---

① “红色党建”模块目前仅完成了试点，有待组织部门进一步完善设计后再全面推开。

资料、工作动态、办事过程，科学留痕，为村社发展保留可查询的历史记忆；台账制作简易化，即台账在线录入，系统自动生成，方便查阅留痕；便民服务个性化，即应时应季推送特色服务信息，设置定向推送功能，为服务对象量身定制推送相关信息和惠民政策；公众参与便捷化，即通过“提建议”和动态实时发布，促进民众主动参与基层治理。

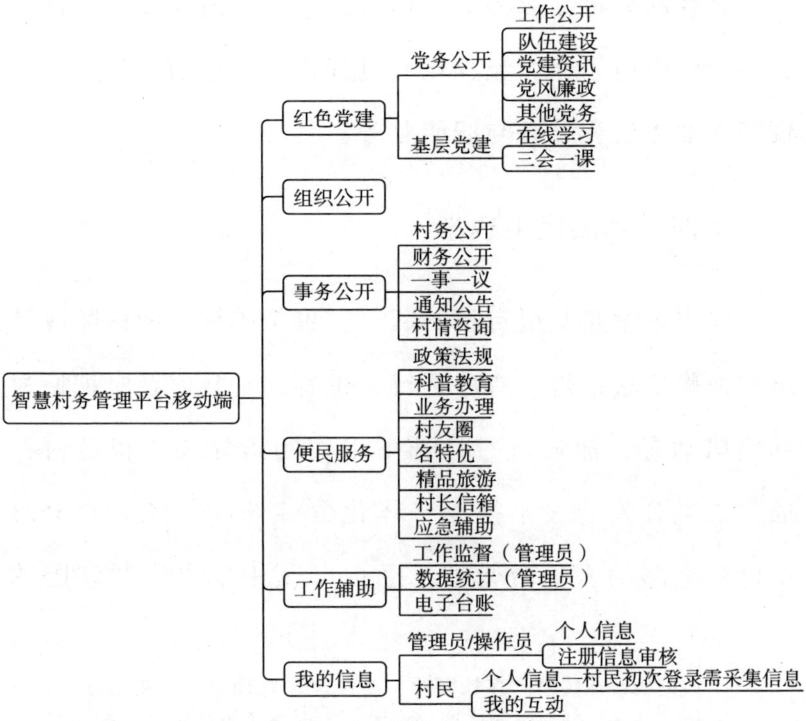

图1　智慧村务管理平台移动端模块

资料来源：温州市民政局。

2020 年，温州继续推出了“智慧村社通”二期。平台二期是在一期基础上的延续、深化，对现有功能模块架构进行了完善、优化与升级，使平台各功能更加完善和精细。主要建设内容包括：换届百步云全流程管理子系统、换届委托子系统、换届选举报告单网络投票子系统、民主协商全流程管理子系统、投票表决子系统、多社联动·微治理闭环创新项目管理子系统①及平台一期的功能优化升级等。二期工作旨在将基层村社的换届工作、选举委托投票、多社联动创新服务等工作从线下逐步转向线上、从手工逐步转向电子化、流程化、过程化，通过信息化手段实现某些业务流程办理与职能服务。

（四）基层民主选举

民主选举是基层自治的起点，也是关键。为保障村社组织换届依法依规、有序进行，也有助于政府及时把握村社换届动态，加强对村社选举工作的指导，“智慧村社通”二期开发建设了换届一体化数字平台，将全市 3621 个村社全部纳入平台管理。平台以《中华人民共和国选

---

① 该模块旨在构建“多社联动·微治理”管理模式，在平台中把分散的社区、社会组织资源和社工、志愿者等人员关联和管理起来，促进供需两端的精准匹配，协调互动，形成合力。具体做法是，平台收集服务需求，社会各方组织提供服务项目和资源，系统将需求和资源进行最佳匹配，然后由社区、第三方和接受服务对象作出综合评估，最后形成社会组织或专业社工的服务评价体系。模块目前已完成设计，马上将落地实施。

举法》和村委会组织法为依据，全面、准确地记录、编辑和存储选举过程中产生的各种信息，借此完成换届选举工作的记录、监管、上报、查询等工作，为实现科学化、高效化的村级换届选举提供了信息技术支撑。

1. 换届百步云平台控流程

第一，制定选举规范规则严控流程。针对村社组织换届跨度大、环节多的问题，建立了首个村委会选举操作规程地方标准，制定了6本指导手册和“党组织五条”“村委会十条”“经合社八条”选举规范，全面嵌入“百步云平台”。平台共设置前期准备、方案表决、选举投票等20个环节196项步骤，并实行红橙蓝绿“四色”换届进度监控预警机制，用于检测村社换届进度是否合理、步骤是否规范，对异常动态的村社进行预警，便于及时监察改正。

第二，强化选民互动与监督。平台设置动态选情“一村一码”，群众扫码即可看换届政策、选举动态，实时反馈意见建议、提供选情线索，形成“一村一表”线上动态选情档案，实现良性互动、有效监督。

第三，以“掌上交互”优化流程。针对往届选票申领程序繁杂等问题，打造了“电子选民证”。选民可线上填报个人信息，“数据云”比对验证，自动生成“一人一码”，实现线上登记、办理、申领一体化；同时结合后台实时数据，精准锁定各网格内未投票选民，“点对点”再动员，实现发票时间从最多用时 5 分钟/人降至最多用时 15 秒/人。

第四，建立村社换届难度“三色管理”智能预警研判分析机制。科学设置 4 大指数、23 项评价指标，对村社选情进行量化评分、分类定色，60 分及以下显示“红码”、61 ~79 分显示“黄码”、80 分及以上显示“绿码”，形成换届选情预警地图，方便政府对换届选举开展难度高的村社及时监管。

2. 换届委托子系统促参选

温州市历来“人户分离”现象突出，尤其是山区村社参选率低，选举委托需求量较大。委托投票是民众行使民主选举权的补救措施，是保障在选举日外出选民依法行使选举权的有效办法。2017 年温州全市参加投票选民有 489.7 万人，其中选举委托 63.4 万人，占比 12.9%。在此基础上，叠加疫情防控常态化影响，2020 年换届委托的需求会大幅提升，破解在外选民参选难问题显得尤为重要。为此，温州市积极探索“码上委托”，在“智慧村社通”平台搭建“换届委托子系统”，明确网络委托“六步流程”，打破时间空间限制，为在外选民打通了合法、便捷、规范的委托“新路径”，最大限度保障了外出选民的民主选举权。

“码上委托”的具体做法为：按照外出选民“应托尽托”原则，规范“委托人提交申请”“受委托人接受委托”“选委会审核”“选委会发布委托公告后发放委托投票证”四步认定流程，确保委托人与受委托人资格合法。委托人先在小程序中发起委托办理流程，填写受委托人、委托理由、外出地址、外出联系电话等有关信息，同时对委托人与受委托人的身份关系进行实名认证识别与关系判定。受委托人可以是委托人的配偶、父母子女、兄弟姐妹、祖父母、外祖父母、孙子女、外孙子女等近亲属，且受委托人必须是除自荐（候选）人以外的本村选民。系统会根据委托人填报的信息自动生成委托投票书，并提交村选委会审核，审核通过后再由委托双方接受，委托才正式成立。在选委会审核之前，委托人可以撤销委托申请。但选举日确定后，选举日前三天内委托人不可委托和撤销。委托人办理委托和被委托人接受委托，都需要通过实名认证。系统对接“温警在线”，通过人脸识别对委托双方进行身份认证。只有通过实名核身的人员才可委托和接受委托。委托人办理委托和被委托人接受委托，都需要在系统中留下手写签名。系统提供签名控件，委托双方可在线直接手写签名。签名会以原始字迹的形式显示在委托投票书中。在发起委托申请、撤销、审核通过、被委托人确认等步骤中，系统自动向委托双方发送短信通知。委托程序记录提交、接受委托时间节点、选委会审核情况和受托关系等后台信息数据全程留痕、永久留存，可随时查阅，实现有本可依、有据可查。

目前，“码上委托”已在温州173个试点村社全面铺开，累计登记网络委托选民29467人。在外选民完成网络委托后，由选委会全面监督发放选票、领取选票、填写委托票、现场投票等重点环节，并通过“雪亮工程”实施“全景监控”，确保受委托人不违背、不透露委托人意愿。依托“码上委托”，在外选民参选率显著提升，2020年村（居）委会换届选举整体参选率较上届增长了15个百分点。

（五）基层民主协商

基层民主协商是基层自治的重要组成部分，是基层民主科学决策的重要环节，也是扩大公民有序政治参与的主要形式，更是发扬民主、反映民意、集中民智、增进共识的重要平台。随着经济社会发展，基层各类公共议题与公共事务增多，可能牵扯的利益或矛盾也愈加复杂化，民众参与公共决策与公共管理的兴趣和意愿都在增强。新形势下基层社会关系的复杂性与利益诉求的多样性愈加凸显了基层民主协商的重要性。因此，为回应群众参与需求，也为了破解“一肩挑”背景下“一言堂”问题和群众事务“我事他议”的矛盾，创新城乡社区民主协商体制机制，调动社会各界广泛参与基层治理的积极性，推进村社单一的行政化管理模式转变为“多元共治”模式，平台特地研发了民主协商全流程管理子系统。一是出台《城乡社区民主协商操作规范》温州地方标准，明确城乡社区民主协商的原则、主体、内容、形式、程序、成果运用、后续工作和保障。二是数字赋能民主协商。在“智慧村社通”平台搭建“码上协商”模块，打破人员、时间、空间、地域限制，畅通协商渠道，实行“线上+线下”同步协商，实现“全区域+全时段”无障碍协商，增强协商结果的有效性。平台可实现在线限时直播式协商，管理员可灵活邀请事主、物业、业委会、权威部门、街道、专业人士等参与协商，在限定时间内，参与者可以随时查看记录、发言，最终由会议记录者形成记录台账，保存于后台。

三 “智慧村社通”的治理成效

“智慧村社通”通过资源整合，利用互联网技术将服务、管理、参与三方集成，打造了村社全域自治“一张网”，提升了基层治理的“精细化”程度，也提升了基层社会治理体系和治理能力的现代化水平。

（一）促进村社管理科学化，降低治理能耗与成本，提升治理效能

1. 从“线下”到“线上”：治理内容的公开化与透明化

“智慧村社通”通过打造信息公开平台，多时空公开村社事务，推动村社事务公开从“线下”向“线上”转

移，打破了传统村社信息公开在时间和空间上的限制，解决了村社事务公开渠道单一、效果不佳的问题。平台实时发布村（社区）动态和党务公开、财务公开、事务公开等信息，并规范了公开内容、形式、程序和时限。村社公共事务“晒”在阳光下，村务信息得以公开化、透明化，不仅保障了民众对村（社区）务的知情权、参与权和监督权，大幅压缩村（居）民对基层自治组织权力运作的想象空间，增强信任与了解，而且有助于规范基层权力运行与民主管理。当然，为避免网络公开导致村社内部信息泄露，平台设置部分公开权限，“码上协商”“财务公开”“意见箱”等 3 个栏目仅对本村（社区）村（居）民开放。

2. 从“纸间”到“指尖”：治理方式的数字化与集约化

“智慧村社通”平台将各村通过移动端与服务端公布上传的村情村貌、财务报告、现任两委成员、民主协商结果等信息公示并归档，形成电子化台账，保证村社事务管理有据可查、自然留痕，提升了基层群众性自治组织民主建设痕迹化管理水平，也减少了村社纸质台账负担，解决了台账记录与查询烦琐的问题。平台构建数据统计功能，各级业务部门可通过后台一键提取辖区内“干部信息”“资金预算”“活动情况”“民主议事”等基本数据，既可为政策制定提供依据，又可避免基层组织文档整理、工作汇报、统计等工作重复进行，实现了基层减负。

利用电子抽检，解决了进村（社）入点督查难的问题。“智慧村社通”管理平台建立了工作事项“待办”“督办”模块，可实时收集村社干部工作开展情况。平台通过信息推送功能提示其按时完成工作，工作逾期的，会自动在微信平台予以提醒；逾期时限较长的，将通知上级部门及时督促完成。上级部门可按需即时调阅和查询村社动态信息，免去了实地查验的烦琐，降低了监管成本，更减轻了入点检查给基层带来的负担。比如，近两年在农村社区分层分类创建验收阶段，200 个农村社区通过电子台账免去现场考核验收环节，县乡村三级共减少陪同约 2200 人次。又比如疫情防控期间，精准对接村社干部及居民群众需求，开发“疫情战报”等模块，启动智慧战疫，使疫情数据透明化、政策宣传智慧化，为精准智控打下良好基础。借此平台，村社卡口、参与抗疫人员等免去了纸质台账、电话申报等，相关数据通过平台一键报送，为疫情防控中村社管理减轻了负担，方便基层腾出更多精力投入一线疫情防控工作。目前全市共有 1976 个村通过“疫情战报”模块报送数据。平台通过治理方式的数字化、集约化创新，多维度优化工作流程，推动了村社事务管理从“纸间”向“指尖”转变，提升了村社管理效率，同时也减轻了村社干部职责事项多、工作台账多、考核督查多等负担，有效降低了基层社会治理成本。

3. 从“多维”到“直达”：治理信息的对称化与管理沟通链条的扁平化

平台将村情简介、组织公开、便民电话、场馆、荣誉、村社通知、政策法规等10余项信息纳入平台，并通过线上村情民情档案库及“意见箱”等模块，实现了居民群众“一了解”（了解村情村貌）、村社干部“二知”（知民情、村情）与镇街干部“三掌握”（掌握基础信息、工作情况、意见建议）。基层治理信息借此得以透明化、对称化，各管理层级得以进一步联通，减少了信息流转与对接的中间环节，使管理沟通链条趋向扁平化，有效提升了治理效能。

一是畅通上下对接渠道。平台将现代互联网、通信等技术嵌入行政科层体系之中，实现了上下级信息联通的扁平化，不仅强化了对治理终端数字化信息的抓取，而且增强了上级政府对各层级的监督效力。平台设置了在线录入台账、在线写作等功能。依托村社干部记录并上传的电子台账与发布的村社工作动态，政府部门可以及时了解基层工作进展情况，有效破解了村社与多部门对接任务重、上下衔接烦琐的问题，实现了治理过程的追踪化与治理内容的留痕化。上级部门可以发布各级政策法规与示范引领案例，也可以远程监管村社工作动态，并及时给予指导，提供针对性服务，有利于提高政策执行透明度和降低政策执行偏差。平台通过建构“市—县—乡—村（社）—民”

五个层级的线上联通，实现了市、县、乡三级政府及部门的涉村（居）政策信息一键直达，也实现了上级部门对村居运行情况的高效、远程检查和无阻碍实时交流，成为督促基层组织积极履责的重要手段，极大地破解了上级对下级监督成本较高、监督不到位的难题。

二是畅通干群沟通与工作展示渠道。“智慧村社通”平台通过开发“码上协商”和“意见箱”模块，为民众提供了更多发表意见和与村社干部交流的渠道，使基层干群之间沟通议事更为便利，更方便了村社干部收集民情民意与科学决策。“动态”模块为各村社展示日常工作提供了平台。与微信朋友圈功能类似，政府部门、村社、本村村民和关注者都能通过平台及时掌握与了解村社的即时工作动态和进展。村社工作情况第一时间得以向外公开，为居民及时参与基层社会治理提供了渠道，更有利于增进干群了解，促进干群和谐。比如，永嘉县桥下镇韩埠村拥有“粉丝”1.1 万人，“韩埠村获桥下镇全域环境比看‘最美村’”动态信息点击量破 1300 人次，浏览量超 5000 人次。此外，不同村社之间也可以通过这种渠道展示、分享和交流治理经验及成效，促进相互借鉴与激励。

（二）促进村社公共服务精细化，提升基层治理“获得感”

向社会成员提供均等、优质的公共服务是现代政府的基本职责之一，也是让人民共享社会发展成果、提升社会治理“获得感”的重要途径。基层村社是政府公共服务供给的单元，民众安全感、获得感与幸福感获取的关键节点。因此，村社这一层级必须优化公共品供给与服务质量，提升公共服务的可及性与精细化水平。“智慧村社通”为解决居民群众信息资源不足与不对称问题，尽可能地丰富系统信息资源，特设了“政策法规”“科普教育”“乡村振兴”“名特优”“农家乐”等专栏，以提供惠民利民政策宣传、农技知识培训、名特优产品推广、农副产品销售渠道链接等服务。其中，“政策法规”栏目让惠民便民政策“一屏到位”，真正实现无障碍即时推送。个性化推送功能，依村（居）民需要量体裁衣推送需要的大病救助、合作医疗、低保边缘等信息，以丰富的载体和多样化的形式提升宣传效果，确保村民对各项惠农政策与相关信息应知尽知、应享尽享。如低保申请最新政策一键发布覆盖近 13 万人，社会心理服务有关知识惠及约 176 万人次。“科普教育”栏目根据村（居）民的日常需求，提供了农技知识、婚姻家庭教育、心理健康等基础教育知识培训。同时，针对农村居民销售渠道狭窄、农村居民信息资源有限等问题，“乡村振兴”“名特优”“农家乐”等栏目为村（居）民提供融媒体时代发布信息的渠道，应时应季推送名特优产品、精品旅游线路和农家乐等特色服务信息，解决小众名特优滞销的问题，消除信息资源劣势。目前，各专栏累计发布信息3950条，比如文成县平和乡东方村在“名特优”栏目中发布“东方村下沙园草莓种植基地”信息后，促使种植基地增收。

为提升民众应急避灾避险能力，平台还特别设置了“避灾安置场所地址”栏目，为群众灾时自救提供导航系统和详细的避灾指导。同时，平台也会因时因势拓展平台新功能，根据群众需求和发展需要，为村（居）民实现自我管理、自我服务提供有力支撑。如疫情期间通过平台累计发布的防疫政策共481条，总浏览量达7.5万次，为广大村（居）民及时提供了听得懂、记得住、用得上的疫情防控知识。此外，还推出了“你说我做”精准服务功能，为特殊时期特殊群众的生活需求与事项办理提供及时的信息交互与服务。群众在平台上提出需求，系统通过短信形式将需求转达到村社，村社干部在规定时间内为其提供帮助和服务，所回复的消息也将通过短信发送到申报人手机上。“智慧村社通”正是通过充分利用现代互联网技术快捷、智能的优势，将信息进行有效筛选与精准推送，为基层群众提供了个性、精细、周到的特色服务，提升了基层治理“获得感”。

（三）搭建网络公共空间，促进公共参与便捷化和治理共同体公共性再生，提升自治水平

建设人人有责、人人尽责、人人享有的社会治理共同

体，是中央对推进国家治理体系和治理能力现代化做出的重要制度安排和战略部署，为推进社会治理现代化提供了根本的制度遵循和方向指引。治理共同体建构背后的支撑是公共性的再生。因为公共性是共同体内成员进行公共生活的本质属性，基层自治的运行、公共生活的开展都需要在此基础上进行。地缘生活中共同的关心与利益是治理共同体存在的基础。但仅有这个基础还远远不够，共同体重构与公共性建设还与公共空间及以此为依托的公共交往、公共参与紧密相关。通俗地说，“共同的”“一起的”“共享的”便是公共性的体现。在现代化和市场化急速推进的进程中，社会整体已由原来的封闭、静止、同质走向开放、流动与异质。社会结构与社会关系也已经发生深刻变迁，原有的“熟人社会”解体，无论是结构还是个体层面的社会关联都在减弱，社会成员之间的互动与关系疏离，原本蕴藏于社会公共空间、公共参与、公共利益、公共精神中的公共性均在快速地流失或变异，造成了公共生活的离散与共同体内公共性的衰弱。因此，公共性的重建是新时期构建治理共同体、推进基层自治的应有之义。

“智慧村社通”平台利用线上互动，搭建了村社内部的新型网络公共空间，促进了村社居民的便捷化互动与参与，为公共生活的开展、公共精神的培育与公共性的生长拓展了更广阔的空间。“动态”模块，提供类似微信朋友圈功能的日常工作展示平台，居民可随时了解村社工作和活动动态，有助加深对村社公共事务的了解和关注。换届委托子系统的推出便利了在外选民的换届委托，提升了民主选举的整体参选率。“码上协商”“你说我做”等模块的设置，使村（居）民可以随时随地以交流、提议、留言等方式参政议政，构建了“线上 + 线下”的议事新模式，使民众的民主参与更加便捷化。尤其对于外出村（居）民来说，平台拓展了他们参政议政的渠道，使基层治理呈现不受时空限制的“脱域”特征，外出村（居）民与留守村（居）民在共享治理信息资源、参与基层治理的广度、深度等方面的差别将大大缩小，形成跨越空间的虚拟在场和信息互动，基层治理的民众参与度将大大提升。提升基层自治水平的关键就是要在充分体现人民治理主体地位的基础上，给予并保障其充分表达自身意见与诉求的空间和权利。社区公共性的生长本身便是在社区成员按照公开、开放和公平的程序，就共同关注的问题展开讨论、互动，进而在平等对话后达成共识、形成统一行动的公共生活建构中产生的。

“智慧村社通”的出现还为村社内部突破人际互动的空间区隔和信息区隔、强化共同体归属感与认同感建构了新的机制和平台。普通群众与村社干部分别是基层自治的两大关键性主体，他们的关系亲疏与协同强弱直接影响着治理效能的高低。“智慧村社通”为两者的互动交流增加了新的“线上”平台，以较低的成本实现了公共信息的有效传递和干群之间的有效互动，有助于破解干群沟通交流不畅问题，增进村庄内聚力。借助“智慧村社通”，村社日常工作动态得以及时展示，村（居）民可以直观地了解并感知村社干部为本村（社）发展、社会和谐所付出的努力和辛苦。及时更新的党务、村务、财务公开栏，让村（居）民随时知晓村社大小事。“政策法规”“码上协商”“意见箱”等功能，可以及时将群众诉求、惠农政策上传下达，并从村（居）民最关心最直接最现实的利益问题入手，推动村（居）民和村社干部之间实现更公开、更直接、更广泛的沟通互动，以凝聚共识，营造共议发展的干群氛围。公共空间承托着公共交往与公共参与，并涵育着公共精神。在“原子化”“个体化”加剧的社会生态下，这些关注与互动蕴含着孵化与催生城乡社区公共性的力量，有助修复自我、冷漠、自利的风气，形塑“宽容、理解、互助、公平、责任、参与、奉献”的公共精神，对治理共同体内公共意识与凝聚力的增强、自治水平的提升有深远意义。

结 语

社会治理创新必须精准回应社会与治理的实际需求，与治理的本源目标相耦合，否则便会成为“伪创新”或无效创新，无益于制度的改良与公共利益的增进。当下我国基层治理面临各种堵点交织、难点叠加的局面。因此，基层治理创新必须结合基层干部痛点、基层群众堵点、基层治理难点，找准创新切入点和着力点，通过强化顶层设计、系统设计、制度设计，切实推进基层治理体系与治理能力的现代化。温州市创新推出的“智慧村社通”，借助治理过程的追踪化、治理方式的数字化、治理内容的留痕化、治理路径的扁平化、自治参与的便捷化等技术路径，通过推进信息公开、提高管理效率、健全议事协商、强化权力监督、扩大公众参与、增进公共服务，提高了基层治理的“精细化”程度，有效提升了基层治理体系和治理能力建设水平。

不过，“智慧村社通”平台推出仅仅一年多，在数据标准统一、数据整合分析及决策功能拓展、落地应用使用率等方面仍需进一步优化，整体功能与应用也在进一步迭代升级。目前镇街、村社承载着多个业务垂直系统，在法律法规上有明确要求职责事项涉及村社的共 27 个部门，连接着党委、行政、群团组织多个业务口。但平台目前仅整合了民政、农业农村、应急管理、慈善机构等部门的部分资源，还缺乏全局性的业务数据收集和统计能力，没有全局性的数据查询与统计应用功能。行政技术的革新与社会治理的技术化倾向近年来越来越得到强化，各部门都在追求治理技术工具的更新和创新，热衷于“技术型治理”，技术资源投入大幅增加，但实质性的治理创新与发展并不多见，存在一定程度的创新“同质化”和“泡沫化”倾向。这种没有实际增益的发展并非理想的变革状态，公共治理的整体绩效并未因此得到显著提升，如社会参与依旧不足、体制弊端依旧顽固、制度变革依旧乏力等，创新常常异化为地方政府的政绩生产工具。典型的表现就是，基于部门分治与“政绩诉求”的自利考量，政府部门各自搭建“信息烟囱”，数字资源系统自成体系，相关政务数字平台过多，且功能同质化，更新迭代又很快，存在重复建设和盲目建设问题。涉村社事项与工作任务散落在不同平台和 App，需要逐个下载和录入，且需经常更新，造成了基础框架重复建设和孤立分散的“信息资源孤岛”。而且很多部门通常只关注这些平台本身的影响力，对于该信息平台是否能真正为基层减负增能提效、能否实质性提升治理的整体绩效、是否真正有助于治理主体公共性的提升、是否有长远的维续价值并不关心，基层治理创新便演变为局部性的、分散的和不连贯的，形式创新、孤立创新、短命创新层出不穷，由此带来的必定是治理创新的“碎片化”与“内卷化”。

在互联网时代，数字嵌入治理是大势所趋。从国内外的普遍趋势来看，技术与公共治理融合的技术治理已然成为治理现代化的重要实现形式，并对治理结构、治理内容、治理过程、治理绩效等产生了深远影响，使社会治理更趋向科学化、规范化、精细化、智能化发展。“智慧村社通”可以看作近年来技术治理在基层实践的典型。技术治理的本质是科学主义、理性主义在公共治理领域中的应用与体现，其目标指向是治理的科学化与规范化。温州推出的“智慧村社通”不仅是现代科技嵌入社会治理，而且显示了塑造标准化、法制化、规则化、程序化与科学化的治理技术体系之势。下一步，我们要精准定位并明晰政府管理、服务与基层社会自治的边界，划清“行政”与“自治”的边界，通过加强顶层设计、资源整合、政策支撑、系统完善等将“智慧村社通”全面优化升级，使其最终成为资源集约、功能集成的基层全域自治综合大平台。“智慧村社通”的意义不仅在于互联网、大数据、人工智能等现代信息化技术与基层治理的糅合，更在于我们可以期待它催化基层社会权力、公共参与、利益表达、资源获取等发生变革，为基层社会自治形态的重塑、社会治理方式的革新、社会主体性的塑造与基层治理整体绩效的提升带来更多可能。

智慧治理篇

“城市大脑”开启整体智治温州样本

林小倩*

内容提要： 数字化应用是推进市域社会治理现代化的必由之路。温州基于政府数字化转型成果，直面城市痛点难点堵点，以群众需求为导向探索以数治城，利用大数据技术集成政府数字化转型成果和城市服务管理应用，建设基于全省统一架构、体现温州特色的温州城市大脑 1.0 版本。温州“城市大脑”成功搭建了“1158 + X”基本架构，推出消防管控秒响应等多项惠民举措，实现温州整体智治，实现城市让群众生活更美好，更好赋能经济社会高质量发展，助力打造新时代市域治理现代化的温州样板。

关键词： 数字化　“城市大脑”　市域治理　整体智治

2020 年 10 月，党的十九届五中全会提出：“加强和创新市域社会治理，推进市域社会治理现代化。”当前，

* 林小倩，中共温州市委党校研究室副主任。

交通不畅、环境污染、安全生产、疫情防控等都在考验着政府的治理能力和水平。数字化应用是推进市域社会治理现代化的必由之路。2020 年 3 月，习近平总书记在考察调研杭州“城市大脑”时指出：“通过大数据、云计算、人工智能等手段推进城市治理现代化，大城市也可以变得更‘聪明’。”国家“十四五”规划提出，要加强数字社会、数字政府建设，提升公共服务、社会治理等数字化智能化水平。

2019 年 12 月，温州市委、市政府启动谋划“城市大脑”建设，探索以数治城，利用大数据技术集成政府数字化转型成果和城市服务管理应用；2020 年 7 月，温州正式发布“城市大脑”建设方案，聚焦解决城市治理中的重点难点堵点问题，以公共数据全面汇聚共享为支撑，以场景化多业务协同应用为突破点，打通 169 个业务系统、归集 14 亿条数据，建设经济运行、社会治理、智慧公安、城市智管、交通畅行、医疗健康、文化旅游、生态环保等八大应用板块，推出消防管控秒响应、智慧安防小区、车辆违停预警系统、医学影像服务云、惠企政策直通车、为侨服务全球通、招生入学一件事等多项惠民举措，初步具备实时感知、远程调度、应急指挥、便民惠民、开放共享等能力。

2020 年 10 月 25 日，温州“城市大脑”1.0 版本正式上线。“城市大脑”1.0 成功搭建了包括一个运营指挥中心、一个数据中心、五大支撑体系、“8 + X”板块在内的“1158 + X”基本架构，综合集成65个应用场景，接入761项重点指标，创新8个城市综合体征；通过数字赋能，引领城市迈入“数治之城”，标志着温州城市治理现代化水平迈上了一个新台阶，实现温州政府数字化转型重大突破，为加快“整体智治”现代政府建设，打造市域治理现代化标杆城市提供了有力支撑。

一　温州“城市大脑”建设思路及框架体系

温州将“城市大脑”作为推进城市治理体系与治理能力现代化的关键举措，结合杭州等先发地区经验和温州实际，成功打造了“1158 + X”“城市大脑”1.0版本，搭建既有浙江辨识度又有温州特色的“城市大脑”框架体系。

（一）“城市大脑”建设的主要思路

1.集约建设，共建共享

按照全省统一规范，建设全市一体化数据中心和中枢系统、数字驾驶舱等支撑平台，而各地、各单位不再重复建设。推进已建信息化项目综合集成，新建项目在统一标准、统一规范下高效实施。鼓励各地按照全市统一规划，建设本地特色应用并进行集成，形成本级“城市大脑”

分平台。

2. 突出成效，快速迭代

坚持以应用场景为核心，以需求为导向，以实效为目标，推进“城市大脑”项目建设。加强规范引导，防止各地各单位一哄而上、盲目发展，提高“城市大脑”建设绩效。

3. 政府引导，多元参与

加强政府统筹协调和组织引导，充分发挥市场机制和企业作用，提升“城市大脑”建设活力。在民生服务的领域，鼓励采取 PPP 或政府购买服务模式，以移动互联网方式向市民提供服务。

4. 完善机制，保障安全

采用安全可信的网络产品和服务，提升“城市大脑”建设安全可控水平。强化信息资源和个人信息保护，确保信息共享和大数据的安全使用与管理。

（二）温州“城市大脑”建设的框架体系

温州“城市大脑”“1158 + X”整体架构，指的是一个运营指挥中心、一个数据中心、五大支撑体系和“8 + X”板块。简单地说，即强化一个运营指挥中心，建设大屏展示和领导驾驶舱；扩展一个大数据中心，构建“城市大脑”的核心基础；优化集一个云平台、一张物联网、一个中枢系统、一个工具箱和一套安全体系于一体的五大支撑体系；构建经济运行、社会治理、智慧公安、城市智管、交通畅行、医疗健康、文化旅游、生态环保等八大重点板块应用，并逐步迭代拓展到智慧党建、智慧教育、智慧商贸、智慧电网、智慧海洋、智慧农业、智慧气象等X领域的创新应用，最终实现城市治理和公共服务领域的全覆盖。

1. "一个中枢"统领

按照"无中枢、不大脑"思路，利用政府数字化转型成果，整合政务服务网、政务云、物联网、5G等城市基础设施、数据资源和技术，建设全市一体化的"城市大脑"中枢系统。通过统一中枢协议，横向连接部门业务系统、直达应用场景，纵向贯穿县（市、区）分平台并延伸到乡镇、基层网格，实现"一个界面"服务城市治理，打造"整体政府"。

2. "两个中台"驱动

依托省市公共数据平台，打造"数据中台+业务中台"双核驱动，支持数据共享、业务协同、流程再造。目前，已打通省、市169个系统，累计归集14.3亿条公共数据、6万条"雪亮工程"视频结构化数据、20万条消防物联网数据，以及滴滴城市交通数据、每日互动人口等社会数据，并持续融合"城市大脑"协同过程中产生的增量数据，为重要指标实时展现、数据分析、历史回溯、纵向对比提供数据支撑。

3. “三端应用”服务

建设“数字驾驶舱”，围绕经济、政治、文化、社会、生态文明五位一体，先行启动经济运行、文化旅游、社会治理、生态环保等“8 + X”板块建设，并基于浙政钉用户体系，分级分类对市级、部门、县（市、区）等层级“数字驾驶舱”授予不同访问权限，实现线上实时协同处置，同步倒逼各部门业务数字化。建设线下运营指挥中心，集应急综合指挥和成果展示于一体，平战结合、实战为要，强化“城市大脑”指挥能力。建设“AI 温州”App，集成教育、医疗、旅游、停车等 31 项贴近民生的应用场景以及吃穿住用行信息服务，构建起“城市大脑”“从人民中来，到人民中去”的超级交互界面。

4. “四张清单”赋能

推出数据清单、应用清单、能力输出清单以及标准规范清单，细分“城市大脑”已归集的数据、已对接的系统及场景应用、已建设的公共组件、已制定的标准规范等，并及时更新，推进全市共建共享，避免重复建设，着力提升“城市大脑”输出能力。

二 温州“城市大脑”的场景应用及成效

温州“城市大脑”广泛应用于市域治理、惠企便民、生态环境等领域，直击城市治理痛点难点，建设成果初步显现。特别是在新冠肺炎疫情防控中，温州运用“城市大脑”“公安＋大数据＋卫健＋疾控＋地方”五方联动机制，在重点人员追踪、基层精密智控、“三返”人员管理、复工复产备案等工作上发挥了重要作用，实现了找到人、找对人、找全人的工作目标，让绝大部分的确诊病例处在可发现的视线范围内，有力提升了疫情防控效率，充分展现了数字化转型带来的治理成效。

（一）监管执法工作更为精准高效

依托“城市大脑”，城市监管和执法工作更为精准高效。如推广智慧安防小区平台使用，为智能生活“探路”。小区业主出入小区，人脸识别即可进门；客人到访，使用动态密码便可进出；煤气泄漏自动关阀；电动车完成充电自动断电……群众获得感、安全感和满意度不断提升。推行“安居码”，对流动人口居住登记和居住房屋出租登记实行非接触、全覆盖、云监管的“一房一码”新型管理，实现出租房精密智控，解基层管理大难题。聚焦消防安全治理的痛点难点，打造消防管控秒响应平台。一旦系统发出警告，平台将第一时间自动发送提醒短信通知运营机构进行处理，从而实现发现消防隐患“秒级响应”。针对当前电动车保有量增多的情况，平台还将对充电桩电流、电压、温度进行实时监测。平台投用以来，全市火灾成灾率从 2019 年的 22.1% 下降到 2020 年的

14.9%，有效实现消防安全隐患的早发现、早响应、早处置，有力保障了群众的生命财产安全。

（二）有效提升了城市治理能力

提高城市治理能力，是满足人民日益增长的美好生活需要的重要环节。在城市治理中，温州以需求为导向真正为人民群众解决实际困难，依托“城市大脑”实现大数据为城市治理赋能，使城市治理效率明显提升。在交通领域，建立车辆违停预警系统，使因违章被抄牌的烦恼成为历史。“城市大脑”建立的车辆违停预警系统，能24小时实时捕捉停车数据。一旦发现违停车辆，将自动向车主发送违停预警短信或语音预警信息，同时将周边停车信息推送给车主，引导车主于8分钟内驶离，变一次性告知违停的“刚性执法”为“温度管理”。全市累计预警整改33.33万车次，人行道违停率从以往的28.18%降至现在的1.11%。在文化旅游领域，推出“虚拟游温州”VR平台，实现720°线上游览，足不出户看温州景。在该平台上，景点周边停车场剩余泊位、路面拥堵情况等信息一览无余，依托平台游客可选出最优线路。2020年国庆期间，温州雁荡山景区共接待游客34.60万人次，客流基本恢复到上年同期水平，带动疫情后旅游经济快速恢复。在这背后，“城市大脑”功不可没。此外，优化“云上公安、在线警务”体系，推广“雪亮工程”综合感知系统，自研新温州人“幸福宝”平台，上线“每日健康打卡”“我要口罩”“找红码”“敬业红包”等多个模块，打造综合治理新样板，在助力复工复产、疫情防控中发挥了重要作用。

（三）民生服务得到实质提升

温州坚持“以民为本、服务为要”的理念，优先集成、优化一批服务群众生活、优化营商环境的创新应用，以智提质，以大数据惠大民生，一些长期难以解决的民生服务难题得到了解决，提升了群众获得感。温州“城市大脑”开通全省最大的医学影像云平台，使跨医院就诊不用重复拍片。在医学影像全市共享、无须重复拍片基础上，依托“城市大脑”建设医学影像人工智能，开展病情诊断、病情早筛等应用。肺癌早筛 AI 介入后，肺癌早筛诊断效率能提升 80%，早筛检出率较传统模式提高 20%，预计产生经济效益数亿元。迭代惠企政策直通车平台。在市县两级涉企政策全网上办理的基础上，打通资金监管平台，实现奖补资金申报、审批、兑现全流程网上办。截至目前，“城市大脑”已协助实现市、县两级 3000 余个奖补项目全流程网站办理，核定金额近 60 亿元；平均兑付周期从 2019 年底的 20 余天缩短到现在的 13 天。升级为侨服务“全球通”平台。积极探索和实践全球抗疫背景下政务暖侨举措，开展远程视频服务，实行为侨服务容缺办理，延长涉侨服务事项办理期限；构建线上政务、应急联动、远程医疗、物资捐献四大服务场景，助力海外侨胞当地抗疫，有效解决海外华侨因疫情无法回国办事、抗疫物资短缺、医疗服务匮乏等难题。此外，打造具有超级入口的城市级“AI 温州”App，集成推出个人数据宝、招生入学一件事等多个应用场景。

（四）多场景智管系统让城市更智慧

在城市治理中，“城市大脑”开辟了更多城市功能，助推城市发展。如建立城市管理综合数据库，推进以“泛在感知、多维研判、扁平指挥、高效处置”为核心、数据驱动的城市管理应用场景建设。利用物联网技术实现对城市照明、园林绿化、桥梁道路、地下管廊、垃圾分类车辆等设施运行状态的实时监管，建立智能感知、精准管养、精确指挥的城市管理新机制。运用图像与视频精准识别技术，及时发现“跨门经营”“流动摊贩”现象，提升市容秩序管理水平和城管执法效率。畅通公众参与城市管理、监督管理绩效的渠道，建立“群管共治”的长效机制。完善生态环境监测物联网体系，加强对水、土、气、声、光等生态环境监测监控的覆盖与感知，提升和扩大环境保护领域数据的准确性、实时性、覆盖面。通过对生态环境质量、污染物排放、环境承载力等数据的关联分析和综合研判，强化经济社会、基础地理和互联网等数据资源融合利用与信息服务，实现环境监管精准化、环境决策科学化。

三　温州“城市大脑”建设的经验启示

温州借鉴杭州、上海嘉定等地“城市大脑”建设的经验做法，坚持“以民为本、服务为要”等工作理念，建立集约高效的“城市大脑”建设工作机制，打造基于数据的城市治理中枢，通过集成政府数字化转型成果，不断迭代升级，打造智能化的开放平台，赋能经济社会高质量发展，服务人民群众美好生活。温州“城市大脑”建设经验可以总结为四个方面。

（一）建强数字驾驶舱和业务调度台，是“城市大脑”建设的核心支撑

传统治理方式通常是事后的应急处理，很难实现事前的预警式治理。依托“城市大脑”建设的数字驾驶舱和业务调度台，社会治理可从“救火式”转变为“预警式”。温州“城市大脑”始终贯彻以民为本理念，推动建设服务型数字政府，开辟“数字驾驶舱 + 业务调度台”，以一屏掌控全城，为政府理性决策提供依据。数字驾驶舱是提供给城市管理者的一个管理服务平台，共接入 761 项重点指标，汇聚 8 个城市综合体征，集成 65 个应用场景，

具备权限设定、指标监测、任务下达、远程指挥、决策参考等实战功能。城市决策者按照权限分级对全市性重大突发事件进行指挥处置，一键直通应用系统进行数据分析，随时调用、协同处置，实现应急突发事件处理等紧急工作任务一键触达的城市治理新形态，助力温州理政治城。杭州“城市大脑”总架构师王坚院士对温州“城市大脑”给予肯定，认为温州“城市大脑”既不脱离数字化转型成果，也要中枢协议，实现了数字驾驶舱和业务调度室的有效融合，做到了大脑同型、服务同行。

（二）打通数据归集，实现资源共享、协同治理，是“城市大脑”建设的坚实基础

数据资源是“城市大脑”的构建基础，也是数字化城市治理的基础要素资源。温州“城市大脑”深耕数据资源先发优势，按照“先行集成，再承接贯通一批、拓展提升一批、谋划新建一批、基层实践一批”的建设思路，充分整合利用温州市历年政府数字化转型工作成果，融通现有数据，迭代现有平台，共打通 169 个系统，累计归集数据 14 亿条，其中“雪亮工程”视频数据归集在全省最多。同时建设公共能力平台，加快数据开放共享，统一输出可信身份认证、电子签章、计算机视觉等标准化公共组件，满足快速搭建应用场景需要，缩短应用场景开发周期，加快拓展“城市大脑”应用场景。2020 年以来，

温州“城市大脑”有8个建成项目、4个在建项目入选全省多业务协同应用的展示平台，也就是省委书记袁家军谋划的“观星台”，入选数量位居全省第一。建设数据开放平台，对外开放政务数据集697项，支持数据资源社会化应用。在2020年全省公共数据开放创新应用大赛中，温州综合成绩居全省第一，温州参赛企业利用开放数据开发的作品获一、二等奖，现在正在落地孵化，助力构建“城市大脑”产业生态。

（三）设计上强化系统思维，注重模块统一、市县联动，是“城市大脑”建设的关键所在

“城市大脑”建设是一项宏大的信息化基础设施工程，必须坚持系统性理念。温州“城市大脑”始终坚持系统思维，按照全省统一规范和统一架构，与杭州统一数据标准、统一底层规则，建设全市一体化数据中心和中枢系统、数字驾驶舱等支撑平台，各地、各单位不再重复建设。分批次启动县（市、区）分平台建设，鼓励在全市统一框架下创新建设本地特色应用并进行集成，形成本级“城市大脑”分平台，提升“城市大脑”服务覆盖面和市县协同能力。当前，龙港市、瓯江口产业集聚区已初步建成“城市大脑”分平台。比如龙港市紧扣“大部制+扁平化+整体智治”县域集成改革模式，探索建设“一张智网管全域”新型数字治理运行模式；瓯江口产业集聚

区根据功能定位，建设瓯江口产业智脑分平台，为“城市大脑”促进产业发展探索经验。未来将加快市级部门统一部署的垂直应用系统建设，有效实现系统接口和数据向县（市、区）延伸，提升“城市大脑”实战功能。

（四）运作上组建专班攻坚，以最少投入创造最快建设速度，是“城市大脑”建设的强大保障

将“城市大脑”作为“一把手”工程，由温州市委、市政府主要领导推进，并成立市长挂帅的领导小组及时协调建设中遇到的问题。同时将“城市大脑”建设纳入全市“六比”考绩之中，推动各地各部门“一把手”亲自抓、具体抓，确保各项工作快速落地。在建设机制上实行专班运作，从2020年7月正式建设以来，按照先行启动的“8+X”板块，温州组建由全市52个部门172人组成的9个攻坚专班，细化351项建设任务，实行集中办公、每周例会、挂图作战，并绘制攻坚三色图、开发“晾晒台”、推出部门贡献指数，形成比学赶超、争先创优氛围。各县（市、区）、产业集聚区成立相应工作机构，负责本地“城市大脑”分平台建设工作。在资金投入上坚持集约高效，按照“先行集成，再承接贯通一批、拓展提升一批、谋划新建一批、基层实践一批”的建设思路，以迭代现有平台为主，充分整合利用温州市历年政府数字化转型工作成果和现有资源，推进经济运行分析系统、自

然资源空间基础信息平台等省级项目的综合集成和本地开发利用，建设有特色、可扩展的“城市大脑”。从 2020 年 7 月正式建设到 10 月上线使用，通过两个多月集中攻坚，软硬件建设投入资金仅 2000 余万元，创造了“投入少、建设快”善作善成的温州速度。

数据催生城市文明。温州“城市大脑”通过大数据赋能市域社会治理，实现以数治城、整体智治，推动了城市社会治理的数字化变革，实现了城市让人民生活更美好，助力打造新时代市域社会治理现代化的温州样本，持续为全省乃至全国市域数字治理输出更多有效经验。

“大数据 + 人民调解”：新时代社会矛盾化解的温州方案

黄建春*

内容提要：日益增多的社会矛盾纠纷案件和日益健全的人民调解组织网络，累积了庞大的案例资源。如何盘活与利用好这些资源，既实现人民调解工作规范化、效益化和专业化，提升工作效率，又能预防和减少社会矛盾纠纷发生，成为“大数据 + 人民调解”模式探索的主要出发点。围绕助力社会治理主线，温州市借助大数据技术将人民调解数据管理平台中50余万条调解数据记录，整合形成九大数据库，实现预警预测、远程视频指导、案例引导、工作考核等功能，并且平台承载内容随着人民调解实践的新需求、新问题不断调整充实。“大数据 + 人民调解”探索呈现的不仅仅是技术特色，其核心是将人民调解与实现社会治理现代化这一时代命题相结合，使人民调

* 黄建春，中共温州市委党校副教授，研究方向为行政法学和政府法治。

解在新时代焕发新生机。

关键词： 大数据+　人民调解　以调促防

近年来，温州积极打造“立体化”的人民调解组织网络。从化解矛盾纠纷的不同实际需求出发，推动人民调解组织向矛盾纠纷多发易发行业领域延伸。在健全和完善警务类纠纷、医疗纠纷、交通事故赔偿纠纷、劳动人事争议等行业性专业性人民调解组织的基础上，进一步延伸人民调解工作触角，建立知识产权、环境保护、保险理赔、旅游等领域专业性行业人民调解组织。2013年后，各类人民调解组织调处社会矛盾纠纷总数量均在6万件以上。但人民调解仍存在排查方式滞后、预防成效不高、调解结果随意、社会公信力不足等问题。面对如此庞大的人民调解组织网络和逐年增加的社会矛盾纠纷，如何运用信息化手段，既推进人民调解工作规范化、效益化和专业化，提升工作效率，又实现预防和减少社会矛盾纠纷发生，同时响应党的十八届三中全会、四中全会中提出的“健全基层综合服务管理平台，建立畅通有序的诉求表达、矛盾调处、权益保障机制”与“完善人民调解”主张，成为温州人民调解新模式探索的出发点与时代背景。

一　“大数据 + 人民调解”的形成与发展

智慧司法激发“大数据 + 人民调解”模式形成，问题意识与服务意识驱动“大数据 + 人民调解”模式发展完善。

（一）涉侨服务司法创新触发人民调解“新”模式

温州不断创新的“智慧司法”为“大数据 + 人民调解”孕育提供了土壤。2009 年，温州文成县人民法院在海外设立了特邀调解员联络站，聘请海外调解员协助法院联系当事人、送达法律文书、开展诉讼调解等工作，并建立数字法庭，专门用于涉侨案件的网络视频立案、开庭审理、调解等。法院的创新举措不仅仅助力提高诉讼效率，更精准迎合侨胞服务需要，切实降低他们诉讼成本。法院领域的法律服务创新还不能真正“解渴”。从深度贴合侨胞现实需求角度，公证、户籍以及人民调解等成为进一步拓展服务空间的司法创新领域，并且温州文成县法院的创举也为人民调解线上远程服务新场域开辟提供了现实可复制模板。通过海外远程视频调解，当事人双方可以“面对面”表达诉求，同时借助人脸识别、电子签章等手段，一次都不用跑即可化解矛盾纠纷。借助平台与技术，人民调解的功能与作用在涉侨司法服务中焕发新生机，也为其与大数据的进一步结合奠定基础。

（二）人民调解信息（数据）管理平台形塑人民调解新模式

温州属于浙江省人口大市且人口流动性强，社情较为复杂，社会矛盾较为多发，人民调解任务相对繁重，2000年以来温州人民调解年案件数量在2万件左右。2012年温州市司法局启动“温州市人民调解信息管理系统”试点工作，直观效应便是人民调解案件数量激增，首次突破6万件。2013年4月系统正式运行，实现了温州全市人民调解案件信息数据化，该系统包含了人民调解组织、人员基础数据，各种格式文书和调解电子档案，人民调解动态流程和各类提示信息等内容，具有统计分析、报送以及受理、审核、查询、督办、评定等多种功能。特别是随着调解案件数据在系统中的慢慢累积，形成的调解大数据具备了相应功能：调解数据快查、调解结果便查；相关数据分析可产生人民调解所涉纠纷成因、类型、发生领域等衍生信息；大量调解成功的案例使类似矛盾纠纷调解可以比照参考，引导当事人调整合理预期，提高调解的科学性和效率；调解员调解知识学习的重要途径。2017年1月，系统正式升级为人民调解数据管理平台，并进一步充实调解信息数据库。依托该平台，2017年温州市受理调处社会矛盾纠纷数量首次突破10万件，同比上升13.06%，调解成功率高达99.35%。

（三）回应时代赋予人民调解强劲生命力

人民调解数据管理平台是“大数据+人民调解”模式运行载体，随着人民调解实践的新需求、新问题的出现而不断调整、充实。在人民调解过程中，时常碰到的困境便是赔偿金的“安全”管理问题，个人、对公账户或是现金保管等方式和渠道，都欠缺规范性。为此，温州市司法局开展人民调解“第三方资金托管”试点工作。鹿城区司法局作为试点单位，于2018年5月，以“鹿城区人民调解协会”为开户名，中国建设银行作为托管人的资金托管账户正式开通。人民调解案件赔付金额启用资金托管，一方面能取得纠纷当事人信任，另一方面为调解协议的资金履行提供保障。在试行取得成效后，2018年11月，“人民调解金托管系统”正式发布上线，并内嵌于人民调解平台，使其融合在调解业务流程中，实现调解金收取、查询、支付、退款、结算等环节全场景、全自动处理，满足了实时化、规范化、信息化的现代调解金管理要求和理念。通过实行调解金第三方支付，打通矛盾纠纷从调处申请到结果执行一站式在线服务，同时解决了调解金暂托的安全问题。温州人民调解正是紧扣实践问题、借力信息技术，在实时变化发展的数据库支撑下实现调解一体化在线服务、智能化案例匹配、预警式决策提醒、远程式案件指导、指数化服务管理等功能，逐渐形成了承载服务不断更新的“大数据+人民调解”温州模式。

二 “大数据+人民调解”的运行逻辑

“大数据+人民调解”模式，是立足并升级人民调解信息管理平台，通过建立健全九大数据库，为人民调解提供预警预测、远程视频指导、案例引导、工作考核等服务，实现人民调解信息化管理，创建“管防调服”工作新机制，多元融合化解社会矛盾纠纷。

（一）案例数字化，打造人民调解“大数据+”

一是搭建体系架构。搭建网上办公、预测预警、远程视频、质量监管四大平台，完善九大数据库，形成了门类齐全的人民调解大数据中心。二是拓宽数据采集渠道。完善升级内部管理系统，开发人民调解手机App——“E调通”。该App集管理功能和服务功能于一体，其中管理功能包括人民调解信息实时采集、实时处理、业务动态管理和数据科学支持等功能，实现社会矛盾纠纷“随手调、随时调、轻松调”。增设市、县（市、区）法律服务窗口受理功能，开通微信网上调解申请，实现多渠道纠纷受理数据采集，为“大数据+人民调解”提供数据来源。三是完善数据应用。建立上下级互联模块、塔群式联系，实现人民调解案件上级评估、专家评估、群众评议相结合，建立系统性评价监管机制；建立人民调解质量评估模块，探索用信息化、标准化手段构建人民调解质量监管体系；建立关键字段查询功能，支持自动推送相似的参考性案例，实现辅助调解功能；提高人民调解工作信息采集和调处成功率。整个系统内建审核、查询、督办、评定流程，外接当事人评价反馈，为“大数据 + 人民调解”提供数据应用。

（二）功能菜单化，提供人民调解“淘宝服务”

一是一体化在线服务。依托中国法网、公共法律服务网站、微信公众号，为群众提供菜单式在线查询和申请服务。同时整合服务平台，串联手机 App 和 24 小时服务人机对话、市县司法行政机关和各级人民调解组织，细分用户、分类管理，做好“淘宝式”服务，满足当事人申请需求。二是智能化案件匹配。受理纠纷后，平台自动检索、智能推送典型案例，供调解员借鉴赔偿标准、参考法律适用，引导当事人调整心理预期，防止相似案例赔偿金额差距过大。三是预警式决策提醒。通过设置纠纷数据地域分布、纠纷类别、发生时间、人员结构等异动指标，对高发区域、高发类别、高发时间、高发人群智能预警，并以热力分布图、柱状图、曲线图等形式多维度展示辅助决策。四是远程式案件指导。平台内嵌视频模块，连接全市乡镇（街道）人民调解委员会和三个海外视频调解室。通过远程指导，使调解服务均等化，有效缓解欠发达地区人民调解资源不足问题。通过远程视频，利用电子身份认证、人脸识别、电子签章、调解文书同步传输等技术，为华侨跨国纠纷提供了经济、便捷的解决途径，为“一带一路”倡议搭建人民调解的桥梁。五是指数化服务管理。案件办结后，平台通过自动短信回访，邀请当事人参与满意度评价，自动生成服务指数，倒逼质量提升。

（三）机制模块化，探索人民调解“温州样板”

一是机制模块化，创新了工作抓手。线上线下同步，健全了温州基层人民调解的“4 + 1”机制。针对调解时效、法律运用、卷宗质量等情况，引入质量指数，形成监管模块，推行调解员互相监督、司法所调解负责人结案审核、各县局督查评定、市局抽查考评的调解案件“四重”把关机制，确保纠纷调解从受理到归档各阶段便捷高效。二是考核模块化，优化了管理体系。温州市将“大数据 + 人民调解”工作列为全市综合治理创新考核项目，利用矛盾纠纷数据，形成考核模块，对平安温州建设、各级政府年度工作和司法行政部门日常工作分门别类、逐级考核。三是绩效模块化，提升了激励效果。利用案件调处数据，形成绩效模块，落实“以奖代补”、评优评先、调解员等级机制，充分调动人民调解员工作积极性。

三　“大数据 + 人民调解”的实践价值

2018 年 5 月，全国人民调解工作会议在温州召开，温州针对“大数据 + 人民调解”在会议上作经验交流。同年 6 月，该项工作获得时任省长袁家军的批示肯定。温州“大数据 + 人民调解”呈现的不仅仅是技术特色，其核心是将人民调解与实现社会治理现代化这一时代命题相结合，使人民调解在新时代焕发生机。

（一）“大数据 +”促进人民调解制度完善

2017 年温州人民调解数据管理平台正式运行后，人民调解工作中计算机技术正式取代薄、表、册、证的管理，所需数据及报表全部由电脑自动生成，完成上传与下载，不仅快速准确，而且可长期保存，根据需要随时调用、统计、分析、查询。首先，通过人民调解数据管理平台实现了调解案件从受理、审核、调处、文书录入、督察督办、评定到最终结案归档系统化操作，任何一个环节的操作出了问题都无法结案，从而实现了案件全流程管理。其次，以数据平台为载体的人民调解能清晰呈现矛盾纠纷地域分布、行业类别等数据信息，以此为基础可以指导人民调解机构的设立、合并、撤销和人员增减，科学、合理配置资源，主动适应新时代新发展带来的社会结构和社会矛盾纠纷的发展变化。同时通过服务数量、质量评估、社会评价等数据分析，落实优胜劣汰机制，助力人民调解工作和队伍质量的整体提升。

（二）跨境视频延伸人民调解场域

温州有70余万名华侨旅居海外，分布在131个国家和地区，与国内有密切的联系，对法律服务需求很大。“大数据+人民调解”依托信息化平台和大数据技术，开展跨境人民调解，保护华侨合法权益。先后在西班牙、法国、意大利等国家成立涉外调解联络点，构建以海外调解联络点为支撑、境内调解员为核心、海外联络员为补充的涉侨司法便民三位一体服务网络。在全国率先建立“司侨在线”海外视频调解室，搭建海内外在线调解实体平台。出台《关于涉侨民商事纠纷调解衔接工作的实施办法》等文件，明确海外人民调解的业务范围。同时改变以往“碎片化”服务模式，根据时差调整工作时间为下午4时至晚8时，实现海外调解服务常态化。2020年，海外视频调解室共接待涉外调解咨询1722次，成功调解纠纷19件。

（三）“以调促防”拓宽人民调解功能

人民调解面临的难题之一是矛盾纠纷的不可控和难以预见性。以往对矛盾纠纷发展趋势的判断往往建立在矛盾排查和反映的集中问题之上，有时甚至纯粹基于理论和经验假设，具有较大局限性和模糊性。在大数据日益成为推动国家治理体系和治理能力现代化的核心驱动力背景下，温州“大数据 + 人民调解”模式俨然是发展人民调解、升级“枫桥经验”的一种有效途径。它通过深挖调解平台的数据潜力，不断完善预测、预防、预警三项机制，从而提升预防、化解社会矛盾的能力和水平。2017 年初，温州市司法局通过人民调解数据管理平台发现医疗纠纷数量明显增长，医疗机构或医生责任导致的纠纷占比高达 74%，其中构成医疗事故的占 54%。司法局据此形成书面材料，向相应主管部门通报医疗纠纷多发的原因、趋势和建议。主管部门依据该分析报告，有针对性地加强医疗质量和安全管理，改进服务流程，在源头上最大限度预防医疗纠纷发生，2017 年温州医疗纠纷数量同比下降 40.2%。数据研判基础上产生的信息具有多样性，实时跟踪调解不成功案件后续去向，可以掌握不稳定因素，大数据表示的是过去，预测的是未来。近些年，温州司法部门通过人民调解的大数据分析，陆续对民间借贷、房地产、劳资等领域出现的新矛盾新纠纷进行分析研判，及时形成系列专题纠纷预测报告并上报。因此，通过对“大数据 + 人民调解”的数据信息进行科学分析与利用（预警、汇报），为有关职能部门查找社会矛盾盲点、及时预防矛盾纠纷提供了扎实数据支撑，实现人民调解工作由“以调为主”向“以防为主”转变，同时上报的预测报告也为党委、政府决策部署提供参考依据，为构建社会协同治理大格局提供有力支持。

四 “大数据+人民调解”再出发

2020年，温州12个县（市、区）人民调解委员会均已入驻社会矛盾纠纷调处化解中心（简称“矛调中心”）。新平台新机制意味着人民调解工作需要在社会综合治理的整体框架下重新定位与审视，矛调中心设置意味着标本兼治、协力推进的系统治理框架已正式落地，其治理效果的显现需要人民调解支撑作用的发挥，特别是将人民调解前期积累的特色经验、做法、机制与作为市域社会治理重要载体的矛调中心崭新平台有机衔接，以此为新起点，重新出发，续写人民调解“温州探索”新篇章。

人民调解数据库在预测预警等方面已发挥积极作用。如利用大数据技术分析全市民间借贷、房地产、劳资等领域纠纷数量、特点，并根据分析结果，形成系列专题纠纷预测报告，为党委、政府政策制定和决策部署提供参考，最大限度地预防社会矛盾纠纷发生和激化。将来随着人民调解案件累积，数据数量会越来越大、内容越来越丰富，利用潜力巨大。能否充分开发与利用这些数据信息，成为市域治理现代化水平提升的关键环节。因此，加强信息汇总、智能分析、科学研判应当成为温州“大数据＋人民调解”模式发展的重要抓手。此外，人民调解镶嵌在我国大调解格局之中，因此人民调解应与行政调解、司法调解、仲裁调解在数据信息互通、资源互享上相互打通，实现大调解数据资源共享，通过大数据部门的“城市大脑”实现对大调解数据的专业分析、研判、归类，让依附于调解的信息与社会治理产生“化学反应”，为社会矛盾的源头治理提供制度资源，即从纠纷化解的“治标”延伸至纠纷源头预防的“治本”。

“智慧停车云平台”系统破解停车难题

夏择民　瞿先智　林　丽*

内容提要： 温州静态交通管理面临着停车泊位供需不平衡的矛盾，引起了一系列问题。为此，龙湾综合行政执法局于2017年起依托数字化改革和柔性管理理念，分阶段部署智慧停车云平台，逐步推出八分钟违停预警、“双错时”共享泊位模式、无感支付等改革，提供了破解停车难、违停管理难的温州方案。这一改革实践了以人民为中心的治理理念，探索出一条增大泊位供给的可行路径，提升了静态交通管理效能，目前已在温州全市推广。

关键词： 智慧停车　静态交通管理　数字化　违停预警　双错时

* 夏择民，中共温州市委党校讲师，研究方向为数字经济、区域经济与数字治理；瞿先智，温州市大数据发展管理局四级主任科员；林丽，温州市龙湾区综合行政执法局党委副书记、副局长。

随着城市的加速发展、人民生活品质的提升，城市的静态交通（停车）管理所面临的矛盾渐渐显露出来。为缓解矛盾，提升静态交通管理现代化水平，温州市龙湾区综合行政执法局一直在尝试执法方式和手段的创新。从2017 年起，该局依托数字化改革，统筹推进数字应用技术和制度创新，推行人行道静态交通柔性管理模式，整体打造智慧停车云平台，取得了有目共睹的成效。目前，这一智慧停车新样板已在温州市域推广，为缓解停车难、违停管理难问题提供了可复制的经验。

一　温州静态交通管理困境

温州市区进入机动化快速发展期①以来，城市基础设施服务能力不足，停车泊位供给增量长期跟不上中小型客车增长，导致停车泊位供给不足和停车泊位需求持续上升之间的矛盾，这是温州城市静态交通管理面临的根本矛盾。2016 年和 2017 年，温州市中小型客车分别新增68534 辆、63442 辆，2017 年末总量达 657581 辆；分别新增停车泊位 54025 个、56448 个，2017 年末总数仅 381744

① 在机动车总量中，市区中小型客车所占比重逐年扩大，从 2006 年的 40.1% 提高至 2017 年的 90.55%，反映了温州市区处于机动化快速发展时期。数据来源于《2016 年度温州市城市道路交通发展报告》《2017 年度温州市城市道路交通发展报告》。

个。[①] 按照合理的停车泊位供需比 1∶1.5，截至 2017 年底，温州市需要 57.2 万个停车泊位供给，缺口 19.0 万个，供需矛盾尖锐。除了总量上的不匹配，停车泊位还存在结构性失衡：停车需求旺盛的中心城区，由于收益难以覆盖建设成本，车位供给增长反而更缓慢。2016 年，温州市委、市政府发布《关于印发〈温州市区城中村改造三年行动计划（2016～2018 年）〉的通知》（温委办发〔2016〕60 号），开始了大体量的城中村改造，仅龙湾一地，2016～2017 年就实施了 33 个城中村改造项目。城中村改造提速驱使大量农村车辆短期内向城市中心区集聚，考虑到货币化安置比例的大幅度提高，这种集聚很有可能会固化下来，导致更严重的结构性矛盾。泊位供需矛盾导致停车难，继而引致违停管理难，作为静态交通管理重要组成部分的人行道违停管理遭遇了一系列问题。

（一）市民不满情绪显现

市民[②]产生不满情绪是显而易见的。首先，对作为准公共产品的停车泊位供给不足的不满。在市域治理现代化的要求下，建设、划定、调配充足的停车泊位应是地方政

---

① 数据来源同上。2015 年及之前的数据不包含洞头，不做罗列。

② 虽然静态交通管理针对机动车驾驶人，但 2017 年温州每千人拥有私家车 212.8 辆，户均 1 辆以上，可以说大多数温州市民不是机动车驾驶人，就是机动车驾驶人的家人。

府的基本职责。实践中，受限于规划前瞻性、财政预算约束、目标函数多样性等复杂因素，温州市的停车泊位供给长期不足。其次，对人行道静态交通管理的不满。2012 年之前，温州市交警履行静态交通管理职能，但长期以来人行道违停管理是缺位的。2012 年职能划转后，综合行政执法局开始对人行道违停实施管理，市民产生了“权利”被剥夺的错觉，获得感下降。最后，对静态交通管理方式的不满。人行道违停主要通过人工反复式路面巡检和“发现就处罚”的刚性执法方式进行常态化管理，在前两种不满的加成下，容易引发社会更多不良情绪。

（二）基层人员疲于应付

停车泊位供需矛盾背景下的刚性执法，给基层执法人员也带来了巨大压力。首先，人工反复式路面巡检是一种“劳动密集型”作业方式。要保持较高效率的人行道静态交通管理，需要大量基层执法人员执行流动的路面巡查。其次，市民的不满在刚性执法中的爆发增加了执法人员的心理压力。刚性执法中，市民会以“三联问”的方式宣泄不满：“为何不能停？为何没提示？哪里可以停？”特别是面对最后一问，执法人员无言以对，必须顶住心理压力完成处罚过程。最后，执法人员作为治理界面中直面市民的组成部分，为治理结构内部的一些问题承担了兜底责任。停车泊位建设不足，职能不在综合行政执法局，但在违停执法现场，执法人员成为被追责对象，承受市民的责难，职业价值感、荣誉感受到冲击。

（三）执法初心受到质疑

执法现场的不满情绪是一个问题，但不是关键问题。在执法合理、合法的前提下，违法者必须承受违法的代价，这是法治社会的共识。然而，在城市静态交通管理中，违停不是脱离于治理环境的孤立违法行为，其根源在于停车泊位供需不匹配这一根本矛盾，在于准公共产品供给不足。在此前提下一味推行刚性执法，难免让市民对执法初心产生质疑，这种质疑如果长期存在，会慢慢消解执法合理性和政府公信力，最终冲击执法合法性。在此具体情境下，执法者要打击影响市容的违停无序，也要正视市民的违停无奈。

二　人行道静态交通管理改革做法

早在2013年，龙湾区综合行政执法局就尝试通过违停预警来缓解上述问题，限于当时的数字化发展水平，采用的是现场人工抄牌、后台人工查号、后台人工电话通知的方法，最终由于效率低下、工作量增加严重而不得不中止探索。2017年，随着数字技术快速发展和数字化手段不断丰富，龙湾区综合行政执法局“旧事重提”，通过数字化改革打造智慧停车云平台，推动业务流程再造，在自身职能范围内最大可能缓和矛盾，优化市民体验，提升静态交通管理效能。在根本矛盾短期难以破解的约束下，这一系列改革致力于以数字化手段和柔性管理理念，“堵”住违停乱象，疏导车辆去向，提高停车效率，挖掘数据价值。考虑到难易程度和客观限制，改革分阶段逐步实施。

（一）第一阶段：“堵”得其法——“8分钟”违停预警，创新推出有温度的违停执法机制

给定优化市容、畅通交通的既定目标，尽管静态交通管理面临着短期难以化解的矛盾，“堵”住违停行为仍然势在必行，当务之急在于创新执法的方式方法，避免冲突激化。为此，龙湾区综合行政执法局明确“执法有力度、管理有温度”的治理新理念，2017 年研发，2018 年 1 月率全国之先上线智慧停车云平台的前身——违停预警非现场执法系统，创新采用先预警提示再处罚的柔性管理方法：在全区重点路段和区域部署非现场执法监控点位 143 处，依托物联感知和大数据分析等信息化技术，构建可视化监督、全过程留痕、可回溯管理的预警执法新机制，对车辆违停行为进行布控。车辆一旦驶入禁停区域，90 秒内便会被违停预警系统侦测锁定，取证后通过语音或短信形式温馨提示车主在 8 分钟内及时驶离。违规车辆若不及

时整改，才会录入违停信息或调度人员精准执法，实现从“硬性执法”到“柔性管理”的有效转变。

龙湾区综合行政执法局没有选择一步到位，而是先从优化“堵”的方式方法做起。从逻辑上说，治标还需治本，似乎应该从解决停车泊位不足的源头做起。这样做的弊端是投入大、成效慢、跨部门协调难，很可能让改革“胎死腹中”。龙湾区综合行政执法局的选择，是从矛盾界面上冲突最直接、最易见成效、协调工作量较少的问题点入手，先做出成绩、获得认可，再借势深化改革。事实证明，违停预警成效显著。2018 年 12 月获温州市政府主要领导批示肯定，大大减小了深化改革的阻力，使后续改革措施得以顺利实施。

（二）第二阶段：“疏”有其所——“双错时”资源共享，织密精细化停车泊位网络

违停预警大大缓和了违停执法中的冲突，但“堵”并不能最终解决“停哪里”的问题，必须要充分挖掘潜在的停车泊位资源，疏导车辆有序停放。公共泊位①和小区泊位之间存在的时空“潮汐现象”②，是泊位资源挖掘的客观基础。第一阶段改革取得初步成效后，龙湾区综合行政执法局启动了错时停车改革，通过争取与住宅小区、

① 包括城市停车场地和企事业单位泊位。

② 小区泊位休息时间使用率高，工作时间使用率低，公共泊位相反。

企事业单位合作，将私有闲置泊位资源引入社会公共供给，形成密集化、精细化的城市停车泊位不足网络，切实解决城市停车泊位不足难题。考虑到新小区物业管理完善、资金充足，开放泊位意愿不强，龙湾区通过细致分析小区业主们的利益诉求，精准选择以资金紧缺、小区环境亟待改善的老旧小区为突破口，以返还改革红利的方式，在谈判桌上赢得了主动权，成功引导小区开放专属泊位。2018 年 4 月，与雁湖小区签署了第一个错时停车智慧小区合作协议，并于当年 10 月正式运营，实现了将小区专属停车资源转换为错时共享资源、将政府公共停车资源转换为小区优享资源的“双错时”泊位共享模式。具体做法如下：一是采取政府主导、国企服务的模式，投入 30 万元对雁湖小区完成改造，相当于为周边提供了近 200 个泊位，对小区车辆仅收取每月 30 元管理费；二是依托智慧停车云平台①，最大可能节约运营成本，管理费和错时收益扣除成本后全额返还，用于小区建设，截至 2020 年 12 月底，累计为雁湖小区返还 190 万元，按照业主意愿用于小区车位保险购买、绿化养护、监控设施更新等方面，逐步改善老旧小区面貌；三是小区业主享受优惠停车

① 经过逐步迭代完善，违停预警系统升级为智慧停车云平台。智慧停车云平台不仅包括非现场信息系统，也包括使非现场信息系统发挥效能的线下基础设施：监控探头、车牌识别设备、无感支付设备、ETC 设备等。

政策，通过限定免费时长和折扣的方式，在道路收费泊位或公共停车场享受优惠政策。“雁湖经验”在龙湾区不断得到推广，截至 2020 年 12 月底，18 个小区、15 个企事业单位开通了错时停车。住宅小区停车资源盘活以后，智慧云停车平台的停车诱导功能产生了实效，违停预警短信将引导市民驾车前往周边的停车泊位，进一步降低了违停率，提高了车位周转率。

（三）第三阶段：“数”尽其能——云平台持续迭代，完善智能化的停车基础生态

经过前两个阶段的改革，智慧停车云平台完成了基础设施初步布局和停车数据的原始积累，还有较大的提升空间。为进一步提升静态交通管理效能，同时开发停车数据价值，龙湾区综合执法局利用数字化手段持续对智慧停车云平台进行迭代升级。一是推广无感支付，提升泊位周转率。2019 年 6 月，启动龙湾区无感停车（ITC）工作，全区 7 条已收费道路共 1368 个泊位可实现无感停车；7 月，启动龙湾区 ETC 智慧停车场建设工作，先行改造部署 4 个支持 ETC、ITC 等支付方式的停车场。二是探索信用停车。2019 年 10 月，启动龙湾区信用停车试点工作，根据车主信用分情况，提供预约车位、延长免费时长、延时付费、停车收费优惠等激励措施，对存在违法较多、欠费不缴等情形的车辆分类限制进入公共、私人等停车场所，促

进停车市场良性发展。三是启动机器换人。采用巡检车+无感（信用）支付，大量减少人工投入，降低运营成本。四是打造“停车大脑”。将无感停车、信用停车、第三方运营服务团队的数据、业务全部统一接入云平台，实现数据共享、业务互通、用户归集，统筹全区停车市场资源，共同做大停车诱导系统，为市民提供定制、便捷的出行规划和停车服务。五是开发车后市场。探索以“停车大脑”大数据为支撑，开发汽车美容、汽车维修、汽车充电、汽车租赁、停车金融等车后服务生态。

三　人行道静态交通管理改革成效

龙湾区智慧停车云平台部署以来成效显著，多次获上级领导批示认可，其经验已在温州市推广。2020 年 12 月，温州智慧停车生态云平台进入试运行阶段。

（一）实践了以人民为中心的治理理念

我国的治理实践长期为“重管理、轻服务”的倾向所苦。要实现治理体系和治理能力现代化，首先要在治理理念层面摆正方向，不忘初心，坚持以人民为中心。龙湾区依托数字化改革在静态交通管理方面开展的柔性管理探索，是通过回归自身市民的身份，回到群众中去，从市民角度去思考、评判之后，站在广大市民切身利益的立场做出的改革决策。甚至在改革取得一定成效之后，预警提示的做法还产生过一定的争议：预警等于纵容，默认违法行为可以存在，和执法机关的理念不符。[①] 但龙湾区综合行政执法局顶住了压力，围绕“以人民为中心”的服务宗旨，以更智慧化的方式来实现部门的管理目标，才有了今天在温州全市域推广的智慧停车云平台。

（二）探索出增大泊位供给的可行路径

由于预算、空间等各种约束，城市停车泊位供给增长一直较缓慢，难以跟上市民日益增长的需求。龙湾区依托智慧停车云平台推行的“双错时”泊位共享模式，在客观环境短时间内难以质变的前提下，对住宅小区和事业单位的停车泊位资源进行了二次开发，提高了资源利用效率，试验出了一条增加车位等效供给的可行路径，为缓解城市停车泊位紧张提供了解决方案。截至 2020 年 12 月底，“双错时”泊位共享模式为龙湾区新增 5055 个错时泊位[②]，月均为社会临停车辆提供错时停车服务 5.12 万

① 违停预警的做法并不违背法律精神。《中华人民共和国道路交通安全法》第九十三条规定：对违反道路交通安全法律、法规关于机动车停放、临时停车规定的，可以指出违法行为，并予以口头警告，令其立即驶离。不同的治理理念，决定了执行这条规定的不同宽严尺度。

② 作为对照，截至 2020 年 11 月下旬，2020 年温州市主城区新增停车位 1.9 万个，其中公共停车位 9333 个，见 http：//wap. wendu. cn/video/id/470609。

车次，较好分担了城市道路停车压力。2017 年温州市路外停车泊位共 347616 个[①]，这一模式如果能够推广，哪怕只将当时市区住宅小区的 1/10 转化为“双错时”泊位，就能新增 3 万余个停车泊位。

（三）实现了静态交通管理的效能提升

停车云平台改革以来，龙湾区的静态交通管理效能大大提升。一是违停率显著下降。截至 2020 年 12 月底，龙湾区累计实施道路违停预警 19.8 万车次、预警整改 16.5 万车次（未被二次抓拍），预警整改率 83.33%，部署道路违停率从改革前的 28.18% 降至 1.37%。二是车位利用率大大提升。停车诱导和无感支付应用后，龙湾区车位周转率明显上升，意味着车位利用率得到显著提升。截至 2020 年 12 月底，龙湾区月均无感支付比例超 20%，累计完成不停车支付（无感支付、ETC 支付、信用付）近 16.8 万笔，道路停车泊位日均周转次数从不足两次提升至 12.43 次，公共停车场日均周转次数提升至 2.4 次。三是执法纠纷减少，执法满意度上升。非现场执法模式显著降低了执法纠纷发生率。事实上，通过预留的“8 分钟”温情整改时间，市民能够理解“罚款”并不是违停执法

① 数据来源于《2017 年度温州市城市道路交通发展报告》。停车泊位资源主要分为路外（主要为住宅区和公共建筑配建泊位）和路内（公共停车场、人行道、道路划线）两类。

的目的，因此对执法行为的接受度大大提升了。通过违停预警和停车诱导完美化解了“三联问”，降低了市民被处罚的概率，而被处罚的市民也心服口服。四是管理成本降低。预警执法机制实施以后，仅需固定两名工作人员就能承担此前全区 9 个执法中队的流动工作量，大量人力被释放出来，从事其他精细管理工作。在公共停车泊位管理上，借助智慧停车云平台 1 辆巡检车和 3 个管理人员即可管理约 200 个泊位，替代原有近 20 人的管理，运营成本大为降低。

“医学影像云平台”让百姓看病就医更从容

陈忠谊*

内容提要：“看病难”“看病贵”是我国医疗卫生领域的顽疾。温州以全域医学影像云平台建设为“切入口”，实现了医疗资源的共享和医疗过程的协同，此举不仅减轻了患者负担、提升了区域医疗服务整体质量、减轻了政府财政压力，而且有力解决基层医疗资源短缺和医疗资源配置失衡的现象，有效缓解了百姓“看病难”“看病贵”问题。医学影像云平台的创新实践表明，只有坚持以人民为中心的发展思想，鼓励“互联网 + 医疗健康”融合发展，做到兼顾效率和成本，才能满足人民对高质量医疗健康的向往。

关键词：医学影像　云平台　互联网　健康医疗

* 陈忠谊，中共温州市委党校副教授，研究方向为区域经济与基层治理。

“看病难”“看病贵”是医疗卫生服务领域的顽疾，其突出矛盾表现为城市大医院人满为患与基层医疗资源过剩、服务不足的鲜明对比。为破解制约医疗服务能力提升的难题，2013 年以来，温州在持续开展“双下沉、两提升”、高水平医联体、县域医共体等工程的基础上，以“最多跑一次”改革为牵引，深化“互联网 + 医疗健康”服务创新，积极打造市域医学影像云平台，整合全市各级医疗机构的影像数据，做到数据在不同医疗机构间的查阅、下载和共享，既有利于解决“看病难”“看病贵”难题，也有助于解决“看病远”的问题，百姓看病就医更从容高效，获得感更多。

一　改革破题：推进医疗资源共享和应用

随着互联网技术的迅猛发展和广泛应用，“互联网 + 医疗健康”的看病就医新模式得到蓬勃发展。2018 年《国务院办公厅关于促进“互联网 + 医疗健康”发展的意见》和《浙江省医疗卫生服务领域深化“最多跑一次”改革行动方案》均支持和鼓励发展“互联网 + 医疗健康”创新服务。基于此背景，各地积极开展“互联网 + 医疗健康”创新模式探索。早在 2014 年，温州率先在国内启动建设全市健康信息一级共享平台，实现医疗信息的交换共享，但由于数据存储技术的限制，占医疗数据 90% 的医学影像数据仍不能在医疗机构间互认共享，即百姓在不同医疗机构就医由于检查检验结果互不认可，需重复进行检查检验，这不仅增加就医环节，而且存在排队耗时长、支付费用增多、医疗资源浪费严重等问题，极大地影响群众就医体验。云计算和智能芯片的快速发展为解决医学影像数据存储和共享应用问题提供了良好契机。2018 年下半年温州就着手谋划建设标准统一、市县联动、全域覆盖的医学影像云平台，实现医疗资源市县乡三级医院共享和应用，并以此为突破口助推医疗卫生领域的“最多跑一次”改革。平台于 2018 年 11 月启动建设，12 月正式开通运营。

（一）影像数据统一归集

规范影像数据的技术标准是实现数据兼容共享的重要前提。统一医院 HIS 系统改造、PACS 软件改造、移动端支付收费接口开发等技术标准，将区域医院影像科的包括 CT、MR、CR、DR、DSA、RF（数字肠胃机）、PET 图像、超声、胃镜等影像信息，全部按照国际标准格式生成，并实时上传至云平台，实现影像数据全市医疗机构全覆盖。医学影像云平台实现温州省级医院、市级医院、县级医院等 43 家二级以上医院，231 家社区卫生服务中心以及 19 家民营医院和体检中心等全市 293 家医疗卫生机构全覆盖。

（二）区域影像互通共享

医学影像数据安全和患者隐私保护是云平台建设的重要内容。温州制定严格的医学影像数据的管理办法，规范各级医疗机构医学影像数据的采集、开放和使用，保证数据的安全和授权使用。影像云平台提供高清的 DICOM 格式原始影像，经患者授权后医生可以在任何时间和地点通过移动设备调阅病人的检查报告图像；部分正常或病变较轻的患者的问题，医生还可以通过影像咨询及报告解答等方式在下班时间或非坐诊时间进行处理，方便患者并避免坐诊时间过分拥挤。

（三）积极拓展平台应用

医学影像云平台的建设目标，一方面是提升患者的就医满意度，另一方面是提升区域内医生尤其是基层医疗机构医生的诊断水平。基于这两个维度，云平台不仅要实现数据的共享，而且要实现医疗资源的高效利用，以云平台为基础打造“互联网 + 医疗健康”新模式，提供疑难病会诊、远程诊断、区域典型病例库管理、远程读片示教、远程心电会诊、区域质控等创新功能，真正实现“互联网 + 医疗健康”惠及医疗机构和患者。

二　改革成效：实现医院、患者、政府三方共赢

自2018年12月开通以来，温州医学影像云平台成为浙江省内建成最早、规模最大的医学影像平台，已累计归集影像数据超900TB。医学影像云平台的开发应用，实现区域内所有医院检查检验信息的共享，不仅有效减轻患者负担、提升医院医生诊断水平，而且减少政府财政支出、提升区域的整体医疗质量，实现患者、医院和政府的三方共赢。此外，平台的开发建设也得到上级政府和社会各界的高度关注与肯定，获得2018年浙江省医疗卫生领域“最多跑一次”改革十佳案例，2019年全国“互联网+医疗健康”便民惠民优秀案例，以及2020年浙江省首届数据创新应用大赛“最佳创意奖”等多项殊荣。

（一）患者：减轻负担，就医看病满意度显著提升

医学影像云平台上线运营后，实现了区域内医学影像数据的互联互通和查阅共享，患者在有效期内前往不同医院检查时重复检查率大大降低，不仅减少患者重新检查排长队、携带影像胶片的烦恼，而且降低患者重新检查的费用支出，患者负担有效降低。患者可通过二维码、公众

号、微信小程序、短信链接等方式获取影像检查信息。截至 2021 年 1 月底，平台累计调阅量达 1900 万次，日均调阅量 3.3 万余次。经测算，患者检查费用显著降低，其中仅 CT 检查一项一年就可为患者减少医疗费用支出达 6600 余万元。

同时，患者可通过云平台享受远程医疗服务，针对部分正常或病变较轻患者，诊治医生可通过平台远程医疗服务让患者在家门口就能享受到医生的服务，避免患者往返医院奔波的辛苦，极大改善患者的就医体验。此外，云平台的建设将有效赋能个人全生命周期健康管理，一方面，平台归集了患者的影像、病理和血液检查等历史数据，进而建立个人健康档案数据库，通过对历史数据的动态比较分析，发出个人健康预警，提醒患者及时去医院做进一步检查。另一方面，医生可在患者授权条件下调阅患者个人健康档案，结合大量历史就诊数据资料、生活方式等制订个性化的健康管理方案，实现疾病预防和健康风险化解，满足患者多样化的就医需要，这也将极大提升患者诊疗效果和就医满意度。

（二）医院：降低成本，医疗服务质量、效率明显提升

医学影像云平台的建设及运营不仅降低了医院的建设管理费用，而且能有效破解医疗资源的分布不均难题，实

现区域医疗服务质量、效率的整体提升。截至2021年1月底，平台实现跨院调阅总检查数28万次，被调阅总检查数28万次，总会诊量达35万次。

一是降低了医院建设费用支出。云存储技术具有存储方式灵活、存储成本低廉的特点，医学影像云平台的使用可有效降低医院的运营成本，不仅可以节约医院的场地成本、硬件成本和维护管理费用，而且可以有效降低影像耗材费用。同时，医学影像云平台采取集约化建设模式，采用统一建设标准，避免医院单独建设，降低了医院的初始建设支出；建设费用由覆盖医院分摊，也间接摊薄了费用。

二是解决了基层医疗资源不足的问题。基层放射科诊断医师短缺和诊断能力薄弱是基层医疗机构的一大难题，平台的远程会诊可有效解决此类问题。乡镇卫生院可通过医联体或医共体内的中心医院建立合作关系，由乡镇卫生院负责拍片或技术检查，由中心医院负责医学诊断，从而实现远程放射诊断，进而补齐基层医技人才不足的短板。同时，基层卫生院在遇到疑难病例时，可通过平台发送会诊申请，将疑难病例上传给中心医院专家，专家会诊后将诊断描述及结果回传至基层卫生院，再由申请医院医生将会诊专家报告送到患者手上，这也将打破医生资源的地域或医院限制，使医疗资源得到最大化利用。

三是促进了医疗机构质量的整体提升。基层医疗机构经常在平台发起远程专家会诊和放射诊断，实现了与大医院专家间的交流和互动，为基层医疗人员提供了良好的学习机会。此外，平台通过在线质控服务，对平台上医院的影像诊断数据进行抽查，开展质控检查评分，进而提出整改措施，这些举措均有助于区域医疗机构诊断质量和医疗服务水平的整体提升。

（三）政府：释放红利，人民群众就医获得感不断增强

政府以“最多跑一次”理念为牵引，积极开展“互联网 + 医疗健康”新模式探索，以影像云平台为突破口，整合全市医疗资源，丰富平台功能应用，实现优质医疗资源向基层倾斜，健康医疗服务便捷度不断提升，费用负担持续减轻，人民群众就医获得感不断增强。云平台的建设运用，还有助于推动分级诊疗，缓解大城市医院人满为患、基层医院门可罗雀的尴尬现状，人民群众的就医体验将持续向好。同时，医学影像云平台采取政府主导、企业参与、市场化建设运营模式，切实减轻了政府的财政压力。温州医学影像云平台由温州市卫健委和电信温州分公司共同承建，合作方电信温州分公司获得平台 5 年运营特许权，承担平台建设运营维护相关费用，并向医院提供数字影像服务，以收取数字影像服务费分成的方式收回项目投资。而且，市场化建设运营模式可减少财政支出压力。

平台建设之初，财政没有平台建设的预算支出，也没有财力和精力去运营，经过综合考虑，政府采取市场化建设运营模式，经测算，该模式可节约财政资金 1500 余万元。从长远看，平台后期势必将引入 AI 辅助诊断（医学影像智能诊断）等新技术，而这种集中式、规模化的建设管理模式将能有效控制新技术导入的风险，通过带量采购降低新技术的采购成本，这也能进一步降低百姓使用新技术的费用负担，可以说，百姓看病就医的获得感将不断增强。

三　经验启示：科技赋能满足人民美好生活需要

温州医学影像云平台的改革创新实践表明，坚持以人民为中心的发展思想，坚持科技赋能健康医疗助推互联网和医疗健康行业融合发展，走市场化的道路，兼顾效率和成本，才能支持人民对高质量医疗健康的向往。

（一）坚持以人民为中心的发展思想，切实解决“看病难”“看病贵”的民生难题

长期以来，人民群众看病就医的体验并不美好，可以说“用户体验”比较差，医疗卫生服务更多呈现无序、低效和碎片化的状态，人民群众看病就医的获得感和幸福

感并不高。因此，人民群众对医疗卫生领域的改革十分期待。党的十八大以来，各级政府立足本地市情，坚持问题和需求导向，积极回应人民群众关切。温州将“最多跑一次”改革向医疗卫生领域延伸，秉持让数据“多跑路”、人民群众“少跑腿”甚至“不跑腿”的思路，以医学影像云平台建设为主线串联区域“医联体”和“医共体”主体建设，着重提升区域医疗卫生服务质量和水平，逐步构筑起更加便利、更加高效、更加优质和更加舒适的医疗卫生服务新模式，“看病难”“看病贵”得到有效缓解，给人民群众带来实实在在的获得感。因此，任何的改革创新要以便民利民为导向，才能有更强大的生命力，只有始终坚持以人民为中心的发展思想，任何改革都将实现多方共赢。

（二）坚持科技赋能，鼓励发展“互联网 + 医疗健康”新模式新业态

医疗资源短缺和配置失衡是我国医疗卫生领域的主要矛盾，随着社会日益老龄化以及人民群众对高质量医疗健康的需求，这一矛盾会愈加凸显。但以 5G、云计算、大数据、人工智能为代表的新信息技术的逐渐成熟，尤其是近年来涌现的“互联网 + 医疗健康”新模式新业态的蓬勃发展，为解决我国医疗卫生领域的主要矛盾增添更多信心。医学影像云平台建设实现了区域内部医疗设备、医疗

人才的共享，通过平台集成的疑难病会诊、远程诊断等服务功能，医疗效率、医疗质量和医疗体验得到极大提升和改善，不仅有效解决“看病难”“看病贵”的难题，而且能使每位患者不受地域限制、平等地享受到高水平的医疗服务。可见，医学影像云平台开发实践的最大价值在于实现医疗资源的共享和医疗过程的协同，有力缓解医疗资源短缺和配置失衡局面。为此，要大力发展“互联网+医疗健康”新模式新业态，实现医疗和科技融合发展，逐步建立健全有序、高效、优质、安全的医疗卫生服务体系。

（三）坚持市场化运作，最大限度降低影像云平台建设成本

温州医学影像云平台由政府主导、企业参与建设运营，较好地兼顾了效率和成本。首先，云平台项目建设采用市场化建设运营模式，以特许经营权转让的方式，让企业参与建设运营，由企业投资建设、运营、维护，通过运营期限内向患者和医院收取数字影像服务费的方式收回投资，这不仅解决了建设资金来源问题，也使政府轻装上阵，极大提升了项目建设进度。其次，云平台项目由政府牵头整合全市医疗资源进行统一建设，有力规避了各医疗机构重复投资和建设的情况，而且以统一标准格式互通共享，将产生巨大的经济效益和社会效益，同时，海量影像

数据信息集中存储和利用可产生巨大的规模效应，为医院和患者带来巨大数据价值。比如医院可利用存储数据进行精准诊疗、科学研究、AI 技术智能诊断等，患者可利用可追溯的全生命周期健康数据进行个人健康管理，享受个性化的诊疗方案和健康管理方案，也有可能享受到 AI 技术提供的健康预后预测服务，真正享受到高质量的医疗健康服务。总之，医学影像云平台的建设经验表明，项目建设坚持市场化运作，建设和资金筹措可采取多样的灵活方式，做到兼顾效率和成本，最大限度降低平台建设成本，为医学影像云平台的可持续健康发展打下坚实基础。

公共服务篇

瑞安县域医共体激发基层医疗新活力

何建瑞　唐启升*

内容提要：回顾我国医改历程，围绕“健康中国”建设，国家对医疗卫生体制改革的战略定位和举措已经相当明确。几十年的改革，取得了很大成就，但仍有很多问题值得研究和反思。2017 年 9 月，浙江省正式启动县域医疗卫生服务共同体建设试点工作，致力于推动基层医疗卫生机构与县级医院的一体化，借此强化基层医疗卫生机构的能力建设，提升基本卫生保健服务水平。2017 年以来，瑞安市以县域医疗卫生服务共同体省级试点为载体，创新行政机制运作方式，垂直整合县域医疗卫生组织，以县域医疗卫生服务共同体为平台发挥医保支付的轴心和杠杆作用，推动初级卫生保健走向整合医疗新模式、新业态、新制度，走出了“医保驱动、两医联动”的新路子，

* 何建瑞，中共瑞安市委党校高级讲师，研究方向为公共管理；唐启升，中共瑞安市委党校高级讲师，研究方向为基层治理。

快速撬动了县域综合医改。

关键词： 基层医疗　医共体　医保支付

习近平总书记指出："推进健康中国建设，是我们党对人民的郑重承诺。"一直以来，我们党重视人民群众的卫生与健康工作，从20世纪80年代就开始探索医疗保险制度的改革，90年代启动改革试点，1998年全国建立城镇职工基本医疗保险制度，21世纪初开始新型农村合作医疗制度试点，而后开始逐步建立城镇居民基本医疗保险制度和城乡居民医疗救助制度，2009年开始深化医药卫生体制改革。一步步走来，我国的基本医疗保险制度得到迅速发展，医疗卫生体制逐步完善。

然而，我国基层医疗卫生服务依然存在诸多问题。2017年浙江省乡镇卫生院床位数、卫技人员数只占全省总数的5.76%、10.57%，55%的乡镇卫生院（社区卫生服务中心）没有住院服务功能，基层医疗卫生人员的学历、职称总体上偏低，中专和高中学历占到了1/4，群众"小病在基层"的就诊比例只有50%左右，部分乡镇卫生院年诊疗仅500多人次。"基层不强"造成老百姓舍近求远，多花冤枉钱、多花时间精力跑县城、跑大城市，导致部分城市大医院"门庭若市"、基层医疗机构"门可罗雀"。相比基层医疗机构，患者更乐意去县级医院甚至县域外城市医院就诊，正是这种舍近求远的选择，导致医疗费用居高不下；同时，伴随药品贵、检查费用高、过度医疗等现象，医保基金支出快速增长（瑞安市医保基金支出4～5年的时间即可翻倍），病人外转与基金外流现象突出，支付压力不断增大。

这种畸形的“倒金字塔”式的医疗卫生服务体系结构，不仅不利于基层首诊功能的发挥，而且加剧了“看病难”“看病贵”问题，并日益成为阻碍基层医疗卫生服务能力提升、建立健全分级诊疗制度的痼疾。另外，医疗卫生管理体制不顺，“多头管理”“权责分散”等问题也严重阻碍了卫生健康事业不平衡不充分矛盾的有效解决。

为提升我国居民健康水平，促进医疗卫生事业全面发展，2015年，党的十八届五中全会提出了“推进健康中国建设”。2016年，全国卫生与健康大会正式将“健康中国”作为国家战略，并于同年出台《“健康中国2030”规划纲要》，对公共卫生服务体系进行全面部署，同时对公共卫生政策的制定与执行提出了新的目标与要求。2017年，党的十九大报告明确提出“倡导健康文明生活方式，预防控制重大疾病”。在此背景下，浙江省于2017年9月正式启动县域医疗卫生服务共同体（以下简称“医共体”）建设试点工作，致力于推动基层医疗卫生机构与县级医院的一体化，借此强化基层医疗卫生机构的能力建设，提升基本卫生保健服务水平。2017年以来，瑞安市将县域医共体作为县域综合医改的平台，努力破解卫生健康事业发展中不平衡不充分的矛盾，取得了一定的成效。

一 走“医保驱动、医疗医药联动”的改革新路子

瑞安市是浙江省首批 11 个县域医共体试点之一。2017 年以来，瑞安市以县域医共体省级试点为载体，改变行政机制运作方式，垂直整合县域医疗卫生组织，以县域医共体为平台，发挥医保支付的轴心和杠杆作用，推动初级卫生保健走向整合医疗新模式、新业态、新制度，走出了“医保驱动、医疗医药联动”的新路子。

（一）优化卫生资源配置，构建管理服务新体系

按照整合型医疗卫生服务理念，以县域医共体为组织中心，推进医共体内医疗资源、信息纵向自由流动，做强县级“龙头”，补好基层“短板”，聚焦聚力机构设置、人员招聘使用、医疗卫生资源调配“三统一”，推动基本卫生保健与二三级医疗服务体系的融合。

1. 以行政管理“一条线”破解“多头管医”问题

成立医共体建设工作领导小组、医共体管理委员会，创新建立医共体月度联席会议、责任捆绑机制，构建党政主要领导亲自抓、分管领导具体抓、各职能部门密切配合、各医疗机构协同作战的组织架构。实现了医疗、医保

工作由一位副市长分管，并成立实体运作的医保办（医保局前身），构建统一的行政管理服务格局。

2. 以医疗机构“一体化”破解“权责分散”问题

采用集团化管理模式，成立以瑞安市人民医院和瑞安市中医院为总院的两个医疗服务集团，构建“2 + 27”的医共体架构，实现政府办医疗机构全覆盖。各集团分院保留法人资格，法定代表人由总院院长担任，并赋予总院对分院的人事、资源调配和经营管理权。

3. 以资源整合“一盘棋”破解“配置不均”问题

集团成立十大管理中心，建立统一的质量监控指标体系，强化内部绩效考核与薪酬分配，实行责、权、利相统一的管理机制。医疗集团内床位、设备、专家号源等统一调配、管理、使用，药品、耗材统一采购、配送，人员统一招聘、管理。

（二）改革医保支付方式，构建医保支付新机制

按照医保基金总额 30%、70% 的比例分别落实普通门诊、住院医疗医保支出。门诊、住院分别实行“按人头付费”“按病种付费”方式结算，并在不同等级医院实施差异化医保报销政策，引导患者到基层医院首诊。

1. 门诊实行“按人头付费”结算

根据“定额控制、结余留用、超额自负”原则，门诊实施“按人头付费”结算。综合考虑基金收支以及定

点医疗机构级别、服务量、医疗费用等情况，合理确定人头定额标准，以有效规避医生不规范诊疗行为，有力促进基层医疗机构发展。医共体根据自身实际建立按人头付费调解金制度，按人头付费额度纳入医共体医保基金总额包干范围，各医疗机构门诊人头付费定额标准每年调整一次，医共体根据医疗费用控制情况、就诊情况、就诊满意度和投诉率等指标制定相应考核办法。目前，全市 30 家基层医疗机构已实行门诊按人头付费，付费标准从最低的每人 26 元到最高的每人 194 元不等，覆盖全市 79 万城乡居民医保参保人。

2. 住院实行“按病种付费”结算

在住院医保结算中，结合县级医疗机构病种结构简单、临床路径稳定等特点，先引入县域版 DRGs 支付系统（病种分值法），再对接精细版 DRGs（按病组支付）。根据历年结算数据筛选出首批 1000 个病种，不依赖病案首页实现本地化分组方案。在此基础上，在全市医疗机构中采用以“病种总分定额、分值不定额”为结算原则的相对价值法进行协议结算，并设置不同医疗机构梯度差异激励分值，有效减少医疗机构低标准入院、过度医疗等问题，倒逼医院提高医疗技术、合理控制成本。以白内障诊治为例，该病种结算分值为 100 分，按每分固定参数 75 元结算，医院可申请医保支付 7500 元；如甲、乙两医院治疗分别花费 7000 元、8000 元，则甲盈利 500 元、乙亏损500元。

3. 实行差异化医保报销政策

参保人到不同级别医院就医，实行差异化报销政策，参保人员医保门诊报销比例在基层医院明显高于市级医院，住院起付标准在基层医院明显低于市级医院。门诊报销比例分别为：基层及一级医院50%，二级医院35%，三级医院及瑞安市外医院不报销；住院报销比例分别为：基层及一级医院90%，二级医院80%，三级医院70%，瑞安市外的温州地区医院55%，温州地区外的省内医院及经转诊备案的省外医院50%，未经转诊备案的省外医院45%。

4. 实施总额预算全域化政策

医保基金包干范围除瑞安市域内公立医院外，还延伸至市域内民营医院、定点药店及市域外医院，明确各项基金支出份额，并从医共体总额预算中列支，其中市域内医共体占65%、民营医院药店占7%、瑞安市外温州市内医院占20%、温州市外医院占8%。这一办法有效推动区域内医共体良性竞争、提升医疗水平，也极大满足了群众的多层次就医需求。

（三）改革医疗服务价格，探索综合医改新模式

瑞安市医疗服务价格调整工作，采取以腾定调、成本倒挂项目为主、设置平衡池、强化考核等综合举措，实施

浙江省首个“向使用环节要空间”（总额控制下的降药品耗材占比）的调价方案。

1. 创新实施“向使用环节要空间”的医疗服务价格调整方案

2018年10月，瑞安市实施全省首个“向使用环节要空间”的医疗服务价格调整方案，按照“控总量、腾空间、调结构、保衔接”的原则，探索“以腾定调、先调后腾”举措。“腾”就是医院承诺减少药品、耗材使用，从而腾出价格改革空间；“调”就是医保部门调高（低）医疗服务价格，从而调整医院收入结构。以上年医疗数据为测算依据，以医院承诺减少药品、耗材（两者进销价接近零差价）使用为前提，将通过合理使用药品和耗材腾出的空间部分按68%调增医疗服务价格，另32%让利给群众。以“药品、耗材每减少使用100元，可腾出调价空间68元”为目标线，率先调高了手术、康复、护理等248项成本倒挂的人工技术服务项目费用；同时调低了15项大型设备检查项目费用、97项检验项目费用，降低了部分药品价格（二次议价），由医保基金等额补偿，以防范调价风险，从而把控制用药主动权交还医院，以调价引导医院合理用药、合理治疗。在医药费用合理增长的基础上，控制药品耗材不合理使用，减少不合理检查化验，为医疗服务价格调整腾出空间。腾出空间部分用于提高医务人员技术服务价格，以充分体现医务人员技术劳务价值，同时，落实医疗服务价格调整后的医保报销政策，确保医疗服务价格调整后不增加群众就医负担。

2. 创新设置“调价资金池”

医疗服务价格调整过程中，可能出现医院担心腾出空间后，医疗服务价格可能调整不到位而不愿先腾空间，而医保部门担心调高价格后，医疗费用总量难以控制而不愿先调价的信任缺乏、相互制约问题。为消除这些顾虑，特别设置“调价资金池”，作为医院“腾空间”和医保部门“调价格”之间的“支付宝”。即公立医院将使用环节对应增加的收入划拨到指定账户，根据阶段考核结果和医院类型特点，通过二次分配，适度补偿下调额超过上调额的医院，确保各家医院的良性运行。若因腾空间不到位患者医疗费用上升，新增费用部分将直接从资金池中扣除。

（四）改善基层服务能力，建立分级诊疗新格局

按照“大病不出县、小病不出乡、看病更省心”的理念，全力做强县级“龙头”、补好基层“短板”、贯通服务“链条”。

1. 强化基层服务能力提升

通过“输血”和“造血”，不断提升基层医疗服务能力，“输血”即安排总院医务人员到分院排班坐诊，总院中高级卫技人员到分院排班坐诊，优先保障基层用人需求。在分院设立了癌痛、心内科、眼科、老年病、中医综

合治疗、康复等联合病房，开展了腔镜、血透等新技术、新项目，推广中医特色适宜技术。“造血”即开展统一培训，指导分院开展新技术，不断加强医疗质量检查指导，深化家庭医生签约团队服务，同时，加大统一培训力度，开展全科医生模块化培训、健康管理师培训、临床技能模拟实训等，有效提高分院常见疾病诊治、慢病管理和临床实际操作能力。

2. 强化基层基础设施建设

制定《基层医疗卫生机构业务用房改造提升三年行动计划（2018～2020年）》，实施基层医疗卫生机构业务用房改造提升三年行动计划。不断完善信息化基础设施建设，开通微信、网站等多种自助预约途径，使群众足不出户轻松预约、踩点就医；运用“持卡就医、无卡缴费”新模式，开通出入院结算移动支付，支持医保费用实时报销。构建信息共享平台，制定《瑞安市医共体信息化协同平台建设方案》，搭建临床数据中心，完善区域电子病历系统，改造提升诊疗信息共享平台，开发运行医共体双向转诊信息系统。医疗服务集团内和两个医疗集团之间的诊疗、住院医嘱等信息实现互通、共享、调阅，共享中心出具的检查报告单在全市所有医疗机构均可查阅和打印；搭建远程服务平台，运行临床检验、影像诊断、心电诊断、病理诊断等医学共享中心，实现基层检查、中心诊断、区域互认。

3. 强化分级诊疗双向转诊

制定分级诊疗病种目录、上下转诊标准和程序，纳入基层首诊目录疾病60种，转外就诊疾病35种；集团总院和各分院设立双向转诊办公室，畅通双向转诊通道，落实专人负责，对转诊患者优先接诊、检查、住院。对基层转诊患者优先接诊、检查、住院。参保患者在医疗集团内双向转诊的，视为同一次住院，医保按“就高”的原则只收取一个住院起付标准的费用，引导群众留在基层首诊。

二 实现医保、医疗、群众等多方共赢

瑞安市积极开展公共治理创新，快速撬动了县域综合医改，医保基金使用效益、基层就诊率、县域就诊率、群众就医满意度不断提高，有力破解群众“看病难”“看病贵”“看病繁”等问题，实现了医保、医疗、群众等多方共赢。

（一）基层健康服务能力得到提升，“看病难”问题得到有效缓解

分级诊疗的目的是解决患者“看病难”的问题，而前提是基层医疗机构服务能力的有效提升，让患者信得过。医共体改革以来，总院每年下派专家近200名到基层医院坐诊、带教查房，开展技术培训、业务培训，分院相

应派医生到总院进修学习，基层医疗机构医疗服务能力得到不断提升（见表1）。

表1　2018～2020年瑞安市医共体总院对分院医疗能力提升帮扶情况

年份	总院下派到分院				分院人员到总院进修学习情况	
	专家人数（人）	累计服务工作日（个）	带教查房次数（次）	技术培训次数（次）	进修人次（人次）	业务培训次数（次）
2018	211	9526	614	43	79	186
2019	198	20230	343	309	126	969
2020（1～11月）	161	4008	175	50	73	1287

注：疫情原因使2020年的相关工作受到影响。

资料来源：瑞安市卫生健康局统计数据。

总院对分院不断加大业务带教，开展全科医生模块化培训、健康管理师培训、临床技能模拟实训等，有效提高分院常见疾病诊治、慢病管理和临床实际操作能力。

在提高“软实力”的同时，全市医疗机构的硬件设施也得到大幅提升。三年来，启动实施项目共计22个，总概算投资22.37亿元，总建筑面积达23.8万平方米，截至2020年底，已完成投资额近10亿元。

通过“输血”和“造血”，以及硬件设施的不断提升，近三年来，医共体分院的医疗业务水平提升明显。表2数据反映，医共体改革后，分院的门诊人次、出院人次以及手术人次增加明显，特别是2019年的手术人次同比增长118.78%，基层医院的医疗水平和服务能力得到了大幅提升，“大病不出县、小病不出乡、看病更省心”的理念不断实现。

表 2　2018～2020 年瑞安市医共体分院门诊、出院人次情况

单位：万人，%

年份	门诊人次	同比增长	出院人次	同比增长	手术人次	同比增长	基层就诊率
2018	376.73	10.80	1.14	12.02	1587	21.52	73
2019	405.47	7.63	1.14	0	3472	118.78	75.16
2020（1～11 月）	339.12	—	6188	—	2194	—	76

注：疫情原因使 2020 年的相关工作受到影响。

资料来源：瑞安市卫生健康局统计数据。

（二）患者就医更加便捷实惠，“看病繁”“看病贵”问题得到明显改善

“看病繁”一直是患者面临的突出问题，解决“看病繁”问题是医共体改革的重要内容之一。近年来，瑞安市不断完善信息化基础设施建设。开通微信、网站等多种自助预约、结算等途径，高峰期挂号排队时间由原来的 9 分钟缩短到 2 分钟左右，分时段精准预约均控制在 30 分钟以内；运用“持卡就医、无卡缴费”新模式，开通出入院结算移动支付，支持医保费用实时报销，患者就医更加便捷。同时通过五大医学共享中心，实现基层检查、中心诊断、区域互认，医学共享中心出具的检查报告单在全市所有医疗机构均可查阅和打印，患者就医满意度不断提升（见表 3）。

表 3　2018～2020 年瑞安市患者就医满意度

单位：%

年份	2018	2019	2020
就医满意度	93.87	96.15	96.77

资料来源：瑞安市卫生健康局统计数据。

同时，患者就医费用支出增长率明显下降，门急诊均次费用同比增长率由 2018 年的 4.41% 下降到 2019 年的 0.57%，住院均次费用同比增长率由 2018 年的 4.44% 下降到 2019 年的 3.28%。在支付改革的第一个整年时间内，即 2018 年 7 月至 2019 年 6 月，城镇职工医保住院均次费用同比增长率 2.43%，城乡居民医保住院均次费用同比增长率仅为 0.46%，城镇职工医保住院个人每百元自费率同比仅增长 0.06 个百分点，城乡居民医保住院个人每百元自费率同比下降了 0.37 个百分点，特别是城乡居民医保基层住院报销比例最高达到 90%，“看病贵”问题明显改善。

（三）医保基金使用效益明显提高，支出增长过快问题得到有效破解

医共体改革前，瑞安市医保基金支出以 18%～19% 的年增长率在增加，4～5 年时间内即可翻倍，支付压力大。通过改革，医保基金各项指标都出现了明显下降。从年度医保支出看，2018 年同比增长率下降幅度约 5 个百分点，2019 年增长率较上年度下降 2.7 个百分点，2020

年较上年度下降超过13个百分点（见表4）。

表4　2018～2020年瑞安市医保支出情况

单位：亿元，%

2018年		2019年		2020年	
支出	同比增长	支出	同比增长	支出	同比增长
17.95	13.5	19.89	10.8	19.6	-2.31

资料来源：瑞安市卫生健康局统计数据。

2018年7月至2019年6月，是医保支付方式改革实施的第一个整年时间，医保基金总支出18.66亿元，同比增长7.8%，增长率较上年度下降9.9个百分点。其中，职工医保基金支出11.44亿元，同比增长10.79%，增长率较上年度下降7.5个百分点；城乡医保基金支出7.22亿元，同比增长2.75%，增长率较上年度下降14.4个百分点。

（四）医疗业务收入结构更为合理，不规范医疗问题得到有效规避

瑞安市从2018年10月正式实施医疗服务价格调整以来，医疗业务收入结构逐渐趋向合理（全省考核指标医疗服务收入占比33%以上得满分）。从表5数据看，医疗服务收入占比逐年提高，药品耗材占比逐年减少，医疗业务收入结构更加合理。

特别是2018年10月至2019年9月医疗服务价格调整实施第一个整年的时间内，因减少药品、耗材使用医院

表 5　2018～2020 年瑞安市医共体医疗服务收入占比情况

年份	医疗总收入		医疗服务收入占比		药占比	
	收入（万元）	同比（%）	占比（%）	同比（个百分点）	占比（%）	同比（个百分点）
2018	279036.18	7.77	30.56	1.08	37.44	-1.59
2019	294850.02	5.67	33.51	2.95	34.06	-3.38
2020（1～11 月）	241339.12	-18.15	33.38	-0.13	34.08	0.02

资料来源：瑞安市卫生健康局统计数据。

实际腾出空间 2.18 亿元，医院医疗服务价格上调获利 6754 万元，让利于民 1.5 亿元。其中，药品耗材减少使用 1.95 亿元，药占比较实施前下降 4.86 个百分点，降幅达 12.55%；百元耗材较实施前下降 3.11 元，降幅达 11.04%；医疗服务收入占比达 32.79%，较实施前上升 5.27 个百分点。

医保支付方式的改革带来医疗服务收入占比提升，意味着“检查项目越多、用药数量越多，收入就越多”的现象得到根本转变；医院、医生能够从提升诊疗水平中获得更多收益，有效促使医院、医生以提高诊疗方法来替代过度医疗等不规范医疗行为，进一步影响百姓的就医行为，强化“小病在基层”的良好就医习惯。

三　多元协同治理构建基层医疗新秩序

瑞安探索的“医保驱动、两医联动”路径，使整合医疗走上了新的发展轨道，基本卫生保健的公共治理体系正在发生质变，对于新医改提档升级具有重大价值。

（一）党委、政府高位推进，层层落实顶层设计

政府在社会管理网络中承担着建立指导社会组织行为者的共同行为准则和确立有利于稳定主要行为主体行为大方向的职责。医共体建设是贯彻落实“以人民为中心”发展思想的具体体现，得到了浙江省委、省政府的高度重视，被纳入省委重点突破改革项目。浙江省注重顶层设计，印发《关于全面推进县域医疗卫生服务共同体建设的意见》。在制度设计上，坚持医共体机构设置、人员招聘使用、资源调配“三统一”，财政财务、医保支付、信息共享“三统筹”，分级诊疗、签约服务、公共卫生“三强化”。在内涵要求上，明确“一体两层级、三医四机制、五中心六统一”，即县乡医疗卫生机构融为一体，明确各自的功能定位，坚持医疗、医保、医药联动改革，改革医保支付、服务价格、药品供应及人事薪酬等机制，医共体层面成立人力资源、财务、医保、公共卫生和信息化“五大中心”，统一资产运营、物资采购、人员使用、信息化建设、财务管理和绩效考评。自 2017 年试点开始，省委、省政府主要领导多次召开会议、做出批示，明确提出把县域医共体建设打造成浙江县域改革的“金名片”。在 2018 年全省县域医共体建设现场推进会上，省委书记

动员部署改革任务，省长提出具体要求。

（二）着眼体制机制突破，理顺公共治理体系

县乡医疗卫生机构直接面向基层，是保障群众看病就医需求的首要关口，调动各方面积极性和能动性，事关县域综合医改发展全局。瑞安市建立主要领导牵头，机构编制、发改、财政、人力社保、卫生健康等部门负责人组成的管理委员会，负责对医共体的统一领导和管理，每月召开医共体联席会，分管副市长和专项挂职副市长抓落实，统筹履行对医共体的规划、投入和监管等职责。实施医共体内唯一法定代表人治理架构，对医共体内部医疗机构实施扁平化管理，加强医共体评价考核，考核奖励由医共体自主分配。建立健全三医联动的医共体改革领导小组，统筹协调推进各项改革任务，减小改革阻力；搭建对话协商平台，平衡各方利益诉求，提供“无缝隙且非分离的整体性服务”；以调研、座谈等形式了解改革动态，及时回应和协调解决难点问题。调动卫生健康部门、医共体管理层和成员单位的积极性，激发医共体运行活力，提高服务效率，增强发展动力。在新设医保局前，提早一年理顺了“三医统一”的行业体制，并成立实体化运行的医保办，构建了统一的行政权力分配格局和治理体系。卫生健康、人力社保、财政、编办等相关部门下放权限，赋予医共体充分的管理自主权，制定医共体管委会、卫健部门及医共

体三张权责清单，权责对等，分工明确。

（三）创新举措有效推进，持续激发改革活力

创新是改革的灵魂，只有不断地创新，改革才能成功。瑞安市在医共体改革过程中，创新建立医疗服务价格调整机制和“调价资金池”，采取以腾定调、先腾后调等综合举措，出台“向使用环节要空间”的医疗服务价格改革方案，探索了“医药联动”的有效路径，用利润增量拓展存量结构性改革空间，解决了“三医联动、治药为先”复制难和存量改革利益触动难的问题，与医保支付方式改革产生政策叠加效应。多元复合支付方式改革后，区域内患者就医支出越少，医院医生获益越多，实现医保、医疗和群众之间的激励相容，明显缓解了按项目付费导致的过度医疗问题。以医保支付改革为核心和基础，激发市场机制在医疗卫生健康领域真正发挥作用，进而实现其有效性和公益性，持续激发了这项改革的活力。

（四）配套机制齐头并进，促进医改提质增效

瑞安市围绕医共体平台体系建设，注重“三医联动”机制改革，强化县域内医疗资源要素的有效整合。在提升县域牵头医院的服务能力、确保县级医院“牵得住”的同时，又通过“输血”“造血”方式以及制定《基层医疗卫生机构业务用房改造提升三年行动计划（2018～2020年）》，强化基层医疗卫生机构的医疗能力，确保到基层

就医的患者“信得过”，使分级治疗、双向转诊成为可能，促使县乡医院由相互独立关系向县域医疗卫生体系命运共同理念转变。医保局与医共体签订医保总额预付管理协议，实行“结余留用、超支分担”，变医疗收入为成本支出，激发医院主动降低成本的积极性，有效避免过度医疗现象，促进医生诊疗方法的改进，改变百姓就医的不良习惯，从而收获患者支出减少、医保支付减少、医院收入增加、医生收入增加的多方共赢局面。

侨务“全球通”实现海外侨胞跨境办事零距离

张红军*

内容提要： 华侨和侨眷是对外联系的重要纽带，是构建“双循环”格局的重要依靠力量。长期以来，回乡办事周期长、成本高、难度大成为华侨生活中的一道坎。为了解决这一难题，温州市委、市政府深入贯彻落实习近平新时代中国特色社会主义思想，坚持以人民为中心的根本立场，以“最多跑一次”改革为牵引，以“互联网 + 政务”为支撑，在国外设置侨务联络点，在国内整合涉侨资源搭建了一体化的综合为侨服务平台——侨务“全球通”，通过网络远程服务解决侨务问题，让海外侨胞和归侨侨眷到政府部门办事实现网上办、就近办，不用回国办，不用来回跑。

关键词： 涉侨服务　跨境为侨服务　“最多跑一次”改革

* 张红军，中共温州市委党校副教授，研究方向为地方政府管理创新和市域社会治理。

温州是改革开放先行地，也是全国著名侨乡。共有约68.84万温籍华侨分布在全球131个国家和地区。长期以来，广大华侨和归侨侨眷为家乡建设发挥了独特作用，作出了重要贡献。但是，由于时空限制、信息壁垒、政策变化等，海外华侨到政府部门办事存在周期长、成本高、往返跑等难题。为解决海外侨胞和归侨侨眷办事难题，近年来，温州各地持续探索跨境为侨服务，推动侨务工作不断深化，搭建了跨境为侨服务的综合平台——侨务“全球通”。侨务“全球通”通过市县协作、组织集成、机制优化，极大地提升了为侨服务的质量，也成为温州政务服务改革的一张金名片。

一　温州跨境为侨服务的发展历程

（一）跨境服务的诞生：设立海外联络点，以侨调侨

2009年，温州市文成县人民法院经与侨务部门协商，在意大利米兰文成同乡会成立民（商）事调解委员会，首创“特邀海外调解员”制度，建立起以民（商）事调解委员会为支撑，特邀海外调解员为核心，调解联络员为补充的便利化司法服务体系。文成县的探索缩短了涉侨司法案件办理周期，降低了办理成本，有效地保障了侨胞的合法权益，得到了海外侨胞的普遍欢迎。“特邀海外调解

员”是在海外聘请乡贤能人，就近调解民商纠纷，是一种实体性的以侨调侨。限于当时的信息技术，这种调解无法与不同地区的当事人互动，受国内公权力部门的指导和影响也较小。因而，这种调解的权威性和规范化程度还不高，但其便捷的优势显而易见。文成县的尝试拉开了温州探索跨境为侨服务的帷幕，这种在国外建立网点，就近为侨服务的理念逐步成为共识，这一做法也从文成县扩展到了鹿城区、瓯海区、瑞安市等地。

（二）跨境服务的成熟：连接单体网络终端，在线化解纠纷

随着信息技术的发展，网络给探索跨境服务创造了很大的空间。2015 年上半年，为解决华侨跨境调解、跨境诉讼和司法文书跨境送达等难题，瓯海区人民法院设置了海外“数字法庭”，在法国巴黎设立了海外司法联络站。华侨可以在海外司法联络站递交申诉材料申请立案，通过联络站和瓯海法院连线视频参与法庭调查、举证质证、法庭辩论等。数字法庭解决了华侨华人诉讼难、审理周期长、诉讼成本高的困难，有效提高了审判质效。

受“数字法庭”的启示，2016 年 5 月，瓯海公安分局丽岙派出所在法国巴黎、意大利米兰和普拉托设立联络点，搭建了瓯海连接欧洲的警务服务平台——“警侨之家”。“警侨之家”为广大华侨办理出入境预受理、出入

境预办证、投靠类户口迁移等 194 项公安业务，让华侨办事像跨境购物一样方便。

“数字法庭”和“警侨之家”给政务服务插上了技术的翅膀，将跨境为侨服务向前推动了一大步。随着更加专业化的网络平台越来越多地被应用于政务领域，2017 年，温州市司法局开发了跨境涉侨司法服务的专业平台——“司侨在线”。该系统利用电子签名、人脸识别、人证比对等先进技术，使视频呼叫技术与司法公证基础业务深度融合。通过该系统可以直接开展跨国远程视频公证和远程纠纷调解。纠纷当事人涉及城中村改造、房屋租赁合同等，可同时在平台上对人民调解告知书、笔录、协议书等文书核对、确认、签字、传递。网络调解的即时性、透明性使调解程序更加科学，协议履行更有保障。“司侨在线”应用以来，备受华侨华人好评，成为温州构建“一主多元”、富有侨乡特色的矛盾纠纷化解机制的亮点。

（三）跨境服务的升级：整合资源，打造“一体化”侨务“全球通”

随着温州城市改造的提速，涉侨的公共事务逐年增加。华侨日益增多的办事需求要求国内涉侨部门提供“一站式”全科受理的综合服务。以前的涉侨服务，无论是海外联络点、“数字法庭”、“警侨之家”，还是专业平台的“司侨在线”，都是涉侨部门立足自身职能的服务创新。这些创新只是提高了部门各自的办事效率，没能解决涉侨服务碎片化的问题，华侨办事还是要和不同层级、不同地域、不同业务的部门打交道。

随着浙江省“最多跑一次”改革的不断深化，加强为侨公共服务体系建设，让广大海外侨胞共享改革红利成为温州“最多跑一次”改革的主攻点。2018 年，温州市委、市政府印发出台《关于建立为侨服务“全球通”平台全力打造“最多跑一次”改革海外升级版的实施方案》，进一步梳理整合各地各单位涉侨服务事项，优化拓展为侨服务海外联络点，建立远程办事的网络系统，形成全市一体化、线上线下高度融合的为侨服务“全球通”平台，实现让华侨不用回国、就近跑一次。

“全球通”平台在市、县两级政务服务中心设立国际服务综合窗口。综合窗口入驻出入境管理局、司法局、科技局（外专局）、外办、侨办、仲裁公证等涉侨部门（单位），为温州籍海外华侨提供出入境、不动产、户籍、教育等 120 余项政务服务，对涉侨事务无差别全科受理。华侨办事可就近在海外联络点，通过“全球通”平台和国内综合窗口连线远程办理。“全球通”平台能实现远程办理和一体化综合服务，华侨办事不用国内国外来回跑，办一件事涉及多个部门的也不用一个一个跑。为侨服务“全球通”解决了华侨办事路程远、找部门难、耗时长、成本高的难题，是浙江政务服务 2.0 建设的温州亮点。

二　为侨服务“全球通”的创新做法

（一）资源整合，搭建“一体化”的运行体系

1. 建设全市统一的为侨服务综合体

在温州市政务服务中心成立市级为侨服务“全球通”中心，在县（市、区）政务服务中心设立为侨服务窗口，在涉侨部门设置服务点。中心、窗口、服务点以点单、派单的方式形成“1＋11＋X”立体式为侨服务综合体。“1”指市级为侨服务“全球通”中心；“11”是指鹿城、龙湾、瓯海、洞头、乐清、瑞安、永嘉、文成、平阳、泰顺、苍南11个县域服务窗口；“X”是指各级涉侨部门按需设置为侨服务点。

2. 布设功能统一的海外联络点

依托在外侨团设立集业务咨询、政策宣传、项目推介、法律服务、文化交流等功能于一体的海外联络点。截至2020年底，温州已在意大利、西班牙、巴西、法国、南非、阿联酋等6个国家设立了11个海外联络点。

3. 开发为侨服务信息系统

建成覆盖所有服务窗口、服务点的网络信息系统和手机App，通过网络视频、身份认证、电子签名、远程取证等手段，实现业务全流程一网通办。华侨在外也可以通过手机App和部门点对点沟通办事。

（二）再造流程，建立“标准化”的服务体系

1. 服务事项标准化

以华侨需求为导向，重点梳理整合高频事项。当前，全市涉侨的司法公证、公安、教育、诉讼调解等120项常办事项，全部可跨境办理。

2. 办事指南标准化

对梳理公布的120项“全球通”高频事项，按照标准化、规范化要求，逐项明确受理范围、申请条件、申请材料、办理时限等要素内容，并编制版本统一、简明扼要的办事指南，让华侨明明白白办事。

3. 办理流程标准化

取消不必要的审批环节，简化申报材料、证明材料和签字盖章环节，建立全市统一的“全球通”平台办事流程，实现预约登记、初步审核、协调分办、连线办理、结果反馈等全过程闭环管理，提高办事效率。

4. 平台服务标准化

对服务场地建设、人员管理、办事服务、工作环境和考核评价等进行全面规范和统一标准，优化华侨办事体验感，增强获得感。

（三）精准服务，推行“品牌化”为侨服务举措

通过业务梳理，温州着力打造“全球通”三大特色品牌服务。一是司法服务。在全国率先设立海外公证联络

点、海外人民调解联络站、海外法学会联络站，聘请当地知名人士担任海外公证联络员、海外调解员、海外法学会员，协助海外华侨在境外办理公证、调解、仲裁、诉讼等事项。二是信访服务。在海外服务点设立信访投诉窗口，为海外华侨提供全程代办服务，实现海外信访事项“一次受理”。三是招商服务。通过在线咨询、视频方式，为华侨提供办事、投资、法律等各类咨询服务，组织开展招商引资政策宣传和项目推介活动。

（四）建章立制，建立常态高效的“规范化”保障体系

1. 健全沟通协调机制

制定了“全球通”平台运行管理制度，确保平台高效稳定有序运行。建立为侨服务“全球通”工作联席会议制度，加强统战（侨办）、法院、公安、司法行政等单位横向联系，联合仲裁机构、公证机构、商事调解组织、行业调解组织等，定期专题会商、集中研判，及时研究解决问题。

2. 建立海外联络点人员管理和经费保障制度

统一选聘办法，选任政治合格、业务过硬的乡贤担任海外服务点管理人员，对其定期开展业务培训，要求持证上岗。联络点运行经费以侨团自筹为主、政府补贴为辅的模式筹措。

3. 制定场地设置和日常运行规范标准

对海外服务点办公场地、LOGO 标识、事项目录、工作程序和工作考核等作出了统一明确的规定。

三　为侨服务“全球通”的经验启示

（一）以人民为中心的发展思想解决了以往的政府管理碎片化问题，为各涉侨部门职能整合、搭建一体化服务平台提供了总依据和总遵循

我国政府部门分工过细、政出多门的顽疾是群众办事的拦路虎。随着浙江“最多跑一次”改革向纵深推进，各地对打造整体性、协同性政府有了新的认识，人民群众对公共服务也提出了更高要求，公共服务从局部分工转向整体协同的思路逐步向各个领域覆盖。

在这个大背景下，温州各级各部门坚持以人民为中心的根本立场，以“最多跑一次”改革为牵引，将方便人民群众办事作为推进政务改革的价值目标，这就有利于部门摈弃各自的利益，合力推进改革。通过改革，温州整合了出入境管理、司法、外专、外办、侨办、仲裁公证等职能，搭建了统一的涉侨服务综合平台“全球通”，实现了侨务服务一网办、一窗办。因此，以人民为中心的发展思想给部门职能的整合提供了总依据和总遵循。

（二）网络技术为打造一体化综合性为侨服务平台提供了技术支撑

以前，群众办事要和不同的部门打交道。而且，办一件事涉及多个部门时，哪个部门先办、哪个部门后办都是让群众头疼的事。实际上，每个部门都代表着政府，群众办事只要向某一部门提出合法要求，政府就应该提供整体性的服务。所以，整体性政府打造是政务改革的重中之重。

整体性政府打造要求各级各部门实现跨层级、跨部门和跨地区的权力重构与流程再造。以往，这一改革难度很大，不仅需要多次召开协调会，而且会遭遇各地各部门标准、流程不一，操作难，改革成果难以巩固等问题。“最多跑一次”改革中，温州借助“互联网 + 政务服务”，搭建新的为侨服务信息系统，用网络技术打通了改革的现实堵点，构建了规范、清晰的办事程序和标准。在这种模式下，华侨和侨眷不再需要与碎片化的政府部门打交道，他们只需向侨务“全球通”提出具体诉求，就能获得一体化的整体服务。温州侨务改革表明，政府治理数字化转型是大势所趋。“互联网 + 政务服务”是实现跨部门协同、科学决策、提质增效的重要支撑。

（三）群众的满意度和获得感是评判政务服务改革成效的主要标准

改革好不好，效果怎么样。谁应当是评判主体，什么样的标准是评判的主要依据。毋庸置疑，人民群众是最根本的主体，群众的满意度和获得感是评判的主要标准。习近平总书记说过：“时代是出卷人，我们是答卷人，人民是阅卷人。”这句话，堪称我们党新时代为政之要的点睛之笔。它以简洁凝练的语言、形象生动的比喻深刻揭示了人民群众的历史地位。

为侨服务“全球通”将涉侨的多领域、多部门的政务服务、司法服务和信访服务等事项统一整合到一起，为海外华侨提供“一站式”服务、“一门式”体验。比如，瓯海通过“数字法庭”审理华侨间的案件，平均天数从286天减少到50天，法律文书平均送达时间从12个月减少到2个月，在适用移动微法院情况下更是压缩到2天，大大减轻了当事人负担。又比如，文成为侨服务分中心办理荷兰华侨回国定居落户，原需45天的手续现4天办完。新冠肺炎疫情防控期间，“全球通”平台增设“互联网侨爱医院”，向华侨提供医疗问诊、疾病预防、心理咨询等24小时“不打烊”远程医疗服务等。便捷贴心的服务体现了温州政务改革的含金量，也赢得了广大华侨侨眷的普遍赞许。说法千万条，标准就一条，办事方不方便。群众办事方便了，幸福感、获得感和满意度就高，这样的改革就是好改革，这样的改革群众就满意，就答应，就支持。

（四）创新设立侨务服务平台，有利于凝聚侨力，增强共同体意识，更好地促进“双循环”发展新格局

海外侨胞和归侨侨眷是中国联系世界的重要纽带，是促进国家发展的重要依靠力量。

温州通过侨务“全球通”、海外联络点、镇街社区侨务工作站等，构建了全方位、立体化的为侨服务体制机制。这些平台也联系了涉侨组织和海外的华侨、华人协会，织起了联系海外华侨华人的一张大网。温州侨务“全球通”的做法让办事华侨、归侨侨眷享受到真真切切的改革红利，感受到祖国怀抱的温暖，激发和增强了众多海外华侨回国、回乡投资创业的热情和信心。改革也有利于发挥侨务资源优势，在推动“双循环”发展新格局、维护国家统一、增进中外交流合作、提升国家软实力等方面发挥更大作用。

“退休一件事”实现退休办理“零次跑”

徐声响*

内容提要：温州“退休一件事”改革关注“退休”这一个人生命周期中既重要又容易被人忽视的节点，遵循“群众跑—政府跑—数据跑—不用跑”的改革技术路径，实现“退休一件事”“最多跑一次”“一小时办结”，优化了政务服务，提升了治理效能，得到了群众好评。其成功的逻辑既在于技术、制度与人才三大要素的有力支撑，更在于温州市把握住新时代社会主要矛盾转化这一时代课题，推进市域治理体系和治理能力现代化，着眼治理的有效性，将治理的评价转向“治理对象”，面向全体人民；治理的重点转向社会领域，关注人民美好生活的需求；治理的逻辑转向“主动治理”，实现关口前移。

关键词：市域治理　有效治理　主动治理　“退休

* 徐声响，中共温州市委党校副教授，研究方向为宗教社会学、乡村社会学和基层治理。

“最多跑一次”改革作为新时代浙江省域层面推进的一项重要改革，既是坚持以人民为中心发展思想的生动体现，又是推进国家治理体系和治理能力现代化的有效途径。温州市“退休一件事”改革是“最多跑一次”改革持续推进和深化的成果，是温州改革开放又一“全国首创”，是温州市域治理的生动案例。

温州市“退休一件事”改革关注“退休”这一个人生命周期中既重要又容易被人忽视的节点，全面梳理政府服务的相关事项，并整合成一张受理表单，设置综合受理窗口，开发建设联办平台，并借助大数据平台和智能化手段，创设窗口受理、智能终端、社银合作等多种应用场景，构建起“一窗受理、一表申请、一站服务、一网通办”的经办模式，实现“退休一件事”“最多跑一次”“一小时办结”。解决了过去办理退休手续过程中存在的多处跑、多环节、时限长、材料繁、报表杂、体验差等问题，优化了政务服务，提升了治理效能。

该实践开始于2019年5月，以平阳县为试点；2019年7月18日，温州市人力资源和社会保障局在平阳县改革的基础上，制订出台《温州市推进退休“一件事”“最多跑一次”改革实施方案》，在平阳22个事项、6个部门合并一个窗口联办基础上拓展至25个事项、18个部门一个窗口联办，在全市推广平阳做法；而后，该成功实践在浙江省全省推广。

一 温州“退休一件事”改革的技术路径

温州“退休一件事”改革具体实践，遵循“群众跑—政府跑—数据跑—不用跑”的改革路径，清晰展示了浙江省“最多跑一次”改革的技术路径，为其他地方政务服务改革提供了可以复制的样板。

（一）变“群众跑”为“政府跑”

为了减轻群众的负担，让群众少跑，温州市全面梳理退休办理事项，整合原由人社、医保、税务、卫健、公积金、总工会、交运集团等18个部门办理的基本养老保险视同缴费年限核定、基本养老保险待遇资格确定、基本养老保险待遇核准支付、医疗保险费补缴核定、退休住房公积金提取、老年人优待证办理、享受劳模荣誉津贴审批等25个事项，打造退休办理“一件事”，设立“退休一件事”综合受理窗口，实行“一个窗口收件、一个窗口出件”。让政府相关部门之间的跑动，取代过去群众在多个部门间的跑动，做到群众退休事项办理“最多跑一次”。

（二）用“数据跑”代替“政府跑”

依靠大数据平台，利用技术的力量，打通数据孤岛，破除部门间制度与体制的障碍，让“政府跑”的效率大大提升，是温州“退休一件事”改革的关键环节。最开始在平阳县试点的时候，主要借助了平阳县的医疗报销平台，实现部门协同、数据共享、并行办理，从而让群众和政府都能够尽量“少跑”。在取得了较好效果之后，温州市全力打造“退休一件事办事系统”平台，将18个部门涉及退休的功能业务全部纳入平台办理，打破部门间前置限制，构建了“一窗受理、信息共享、内部流转、并行办理、限时办结”的服务机制，让“数据跑”取代“政府跑”。

（三）从“跑一次”到“轻松跑”

“政府跑”和“数据跑”让温州市退休事项办理真正实现了“一件事”，真正实现了“最多跑一次”。在此基础上，温州市“退休一件事”改革指向了更高的目标：“轻松跑”。尽力实现在一次办理中流程简化、材料精简、时间缩短。在流程上，按照集成服务的要求，简化办理环节，优化办理流程，将原来的25个具体事项融合成6项核心业务，并将原来漫长的串联办理流程简化成“2+2”并联流程（群众办理流程：提交申请、取证；部门办理流程：材料审核、并联办理）。在材料上，按照“凡是由本部门出具或可通过本部门信息系统数据交换获取的材料一律取消，凡是可通过公共数据平台查验获取的材料一律取消，凡是综合受理窗口收取并认证的材料后续部门一律取消”的精简原则，大幅减少“退休一件事”的申请表单、申报材料，将原来涉及的13张表单梳理成《退休一件事联办申请表》1张表格；将申报材料从原来的14份以上精简为无特殊情形“一证可办”（身份证）、特殊情形由原平均18份缩减为4份，实现“一张表单、一套材料、一次提交、一次采集、多方复用”。在办理时间上，由原平均20天以上缩减为平均1小时内办结，最快30分钟，最迟5个工作日。

（四）实现“就近跑”甚至“不用跑”

针对退休办理对象年龄和知识结构特点，坚持打造线上线下一体化服务体系，推动“退休一件事”改革向基层延伸、向掌上延伸；在行政服务中心设置综合受理窗口“一窗办”的基础上，多端口对接“退休一件事”办理系统，供群众根据需要灵活选择办理方式。将“退休一件事”专窗延伸至各社保基层站所，利用“退休一件事”办理系统进行数据传递，实现“退休一件事”温州“全域办”；建立银政合作机制，将“退休一件事”纳入农商银行代办事项范围，由合作银行代为收件、代为推送，实现“退休一件事”“就近办”；在浙江政务服务网开通“退休一件事”网上申办平台，申请人通过网上申报平台在线填报《退休一件事联办申请表》并上传有关申报材料即可完成办理申请；人社部门后台人员审核后，通过“退休一件事”办理系统信息平台转交相关部门办理，实现“退休一件事”“网上办”；依托“浙里办”App，开发“退休一件事掌上办”模块，群众拍照上传相关材料，5分钟即可完成申报并可随时查阅办理状态，实现“退休一件事”“掌上办”。

二　温州“退休一件事”改革的要素保障

温州“退休一件事”改革从试点到全市推广仅仅用了3个月的时间，到全省推广仅仅用了6个月的时间，堪称“温州速度”。改革之所以能够沿着既定的技术路径快速推进，其背后的逻辑在于三大要素保障的支撑。

（一）技术保障

“最多跑一次”改革从技术的角度看，其实就是一场由云计算推动的实践创新。“数据跑”是温州“退休一件事”改革的核心环节，数字赋能是温州“退休一件事”改革成功的关键性保障。在制度与体制没有实质性改革的前提下，温州“退休一件事”改革借助技术的力量打破制度与体制的障碍，才使退休办理的“一件事”“跑一次”“一小时”真正变成可能。温州“退休一件事”改革首先取得突破的是平阳县，是在平阳经验的基础上推广、提升而来的。而平阳县多部门联办成功的关键，在于借助了其多年建设、比较强大的医疗报销平台。温州市在此基础上开发了“退休一件事”办理系统，让“数据跑”真正取代了“政府跑”。而温州市能够在这么短的时间内建设成“退休一件事”办理系统，则得益于其长期重视政府数字化工作，持续投入并建设起完善的软硬件基础设施，构建了严密的基础工作框架，夯实了政府数字化转型底座，使“退休一件事”办理系统这样的应用项目综合集成变得比较顺利。在《首届（2019）中国数字政府建设指数报告》[①] 中，温州位列全国地市级第一；2019 年，浙江省对市政府数字化转型工作评估中，温州的得分位列第一。

（二）制度保障

新时代的改革更加注重科学的顶层设计，更加注重统筹发展与安全，更加注重改革成果的法律制度保障。这样的改革能够更大限度在更短时间内实现改革的创新性、科学性、实效性。温州“退休一件事”改革的顶层设计是十分清晰的，既有“群众跑—政府跑—数据跑—不用跑”这一清晰的技术路径，又有合理的“试点—提升—推广”的推广应用路径，才使改革推进快、见效快。而这其实离

① 中国社会科学院信息化研究中心、国脉研究院：《首届（2019）中国数字政府建设指数报告》，2019 年 11 月。

不开强大的制度保障。2016 年 12 月 27 日，中共浙江省委经济工作会议首次公开提出“最多跑一次”改革；2018 年 11 月 30 日，浙江省人大常委会审议通过《浙江省保障“最多跑一次”改革规定》，立法保障“最多跑一次”改革。一方面，将实践过程中积累的大量行之有效的经验做法，在立法层面进一步固化和升华，以更好地推动和保障改革进程；另一方面，针对“最多跑一次”改革推进过程中，遇到的一些体制机制上的难点问题，在立法层面作出回应、提供依据。尤其是在立法中对于“一件事”概念的清晰界定，对于“综合受理”法律地位的认可，对于电子证照与纸质材料具有同等法律效力的确认，使温州“退休一件事”改革推进十分顺利。

（三）人才保障

人是改革中最积极的要素，改革最终要落实到具体的人的身上。没有强大的人才队伍的支撑，改革无法真正前行。温州“退休一件事”改革首先有赖于领导干部队伍的开拓创新。在“退休一件事”改革中相关领导干部不仅在决策与管理环节发挥关键作用，而且通过“一把手”体验不断参与改革的督促和具体细节当中。其次有赖于业务骨干队伍的担当作为。“退休一件事”改革不仅要求相关部门的业务骨干在改革过程中发挥专业特长，而且要求这些业务骨干不断学习形成“一岗多能”的跨部门跨专业本领，有些窗口业务骨干曾经参与相关培训多达 17 次。最后有赖于技术团队的通力协作。“退休一件事”改革其实是用技术重塑社会管理与服务的生动案例，这些技术团队除了精通技术外，还深入了解政府及其服务，从一定意义上讲这也是十分深刻的政府与社会的互动。

三 温州“退休一件事”改革的核心逻辑

“退休一件事”改革实际上关注的并不是通常意义上所讲“群众呼声最强烈”的领域，也不是影响经济社会发展大局的关键领域，甚至在一些人看来退休人员这个群体“有的是时间”“根本没有改革的必要”。那么，政府改革的核心逻辑到底是什么呢？

从表面上看，温州“退休一件事”改革确实缺少主题的宏大性和现实的紧迫性。这其实是十分片面的认识，尤其是进入新时代以后，这种观点亟须得到纠正。因为新时代社会主要矛盾转化为人民日益增长的美好生活需要和不平衡不充分的发展之间的矛盾，要求我们必须坚持以人民为中心的发展思想，不断促进人的全面发展、全体人民共同富裕。这对国家治理提出了新的要求：传统的治理难以解决新的社会主要矛盾，需要不断纠偏和大力创新，才能实现科学有效的治理。这正是推进国家治理体系和治理能力现代化的内在逻辑，市域治理必须基于这个最基本的逻辑。

（一）治理评价转向“治理对象”（或治理主体）

传统的治理往往以“实施治理者”为视角，去判断治理的效果。而有效的治理应该是各方能接受的并能带来持续改进效果的治理，也就是说治理的有效性是“对象化”的，其在于“治理对象”的后续表现。从“实施治理者”的视角，温州“退休一件事”改革确实缺少主题的宏大性和现实的紧迫性。但从“治理对象”来看，政府治理所面对的是“全体人民”。这个全体人民既是一个整体上的概念，也是一个具体的概念，是“一个也不能少”“任何一个群体都不能落下”。温州“退休一件事”改革秉承的就是这种理念，关注可能被忽视的群体，关注可能被忽视的细节化的幸福感。如果没有从“治理对象”出发，在现实社会逻辑当中，退休人员这一群体很容易被边缘化。如果基于改革的经济社会效益最大化原则，这种关乎个体幸福感和获得感的内容也很容易被忽视。

（二）治理的重点转向社会领域

随着经济的发展和人们生活水平的不断提高，人们的物质文化需求正逐步从温饱型向小康型转变、从数量型向质量型转变。人们不仅对物质文化生活提出了更高要求，而且在民主、法治、公平、正义、安全、环境、民生等方面的要求日益增长。国家治理的重点从经济领域开始进入社会领域，以政务服务改革为例，政务服务改革的重点开始从服务经济发展向服务社会民生建设转移。浙江的“最多跑一次”改革将个人的事项办理“跑一次”作为重点之一，根据个人生命周期梳理群众需要的政务服务，而退休毫无疑问是个人生命周期中的一个重要节点，温州“退休一件事”改革对于个人生命周期政务服务闭环不可或缺。尤其温州，作为经济社会先发地区，社会发展开始进入更高层次的需求阶段，人们对于美好生活的需求，不再是简单的基本生活满足，其获得感和幸福感越来越需要从社会生活中得到满足，而这也成为温州市域治理的重点。这从温州这些年打造的“诚信之都”“慈善之都”可见一斑。

（三）治理的逻辑转向“主动治理”

中国改革发展的前半程，更多的是一个“破”的过程，需要充分调动市场和社会的积极性，打破旧的体制和制度的条条框框，政府的治理策略更多的是“顺势而为”，就如温州的“挂户经营”“浮动利率”等改革都是政府顺应市场的改革。但是改革进入后半程，更多的是一个“立”的过程，需要政府坚持和完善中国特色社会主义制度，推进治理体系和治理能力的现代化，政府的治理策略则开始转到主动治理上来。而大数据让这种主动治理变得更为可能，它使社会治理更精准、更具前瞻性，更能够及时发现人民群众的需求，推动社会治理决策科学化和治理方式精细化，达到更优质、更关注细节和更加人性化的治理效果，从而更好地满足人民群众对美好生活的需要。在政务服务改革上，过去更多的是“有诉有办”“接诉即办”，现在更多地将治理关口前移，主动治理，主动服务。温州“退休一件事”改革就是政府主动治理的典型案例，是主动贴近群众需求、“刀刃向内”的改革，是以人民为中心、以问题为导向、以数字化为主要抓手的改革。

文化驿站构筑公共文化活动新空间

陈中权*

内容提要： 文化驿站是一种整合了小剧场演出、文艺培训课堂和休闲茶座等多种功能的新型公共文化活动空间。时尚化、休闲式、体验版、互动型、文艺范是对文化驿站建设的总体要求。文化驿站建设提高了公共文化设施利用率，扩大了公共文化服务覆盖面，满足了市民对多元文化的需求，传播了地方文化。跨界融合的创新思维、连锁经营的运行模式和社会力量的广泛参与是文化驿站在公共文化服务体系建设中脱颖而出的主要经验。

关键词： 公共文化空间　文化驿站　连锁经营　跨界融合　社会力量

* 陈中权，中共温州市委党校副教授，研究方向为温州地域文化。

现代公共文化服务体系是中国特色社会主义文化的重要组成部分，是实现人民基本文化权益的主要途径。如何优化城乡文化资源配置以解决公共文化服务领域的非均等化；如何建构上下打通、左右互联、内外共享的公共文化服务网络以扩大文化惠民覆盖面从而形成整体效应；如何丰富群众性文化活动以满足人民群众的普遍性文化需求和差异性文化需求；如何有效地吸引作为社会主体的年轻人群体参与公共文化服务以解决服务对象的单一性问题；如何充分发挥社会力量参与公共文化服务体系建设以推进供给侧结构性改革；这些都是当前我国现代公共文化服务体系建设需要解决好的带有普遍性的难题。

近年来，温州市针对公共文化服务体系建设中遇到的突出矛盾和问题，积极探索“政府主导、社会参与、市场运作、规范管理”的公共文化服务体系建设新路子，以很少的财政资金积极推动社会力量参与公共文化服务领域的建设、管理和服务，培育了一批具有温州特色、彰显时代精神、延伸示范效应的公共文化服务创新品牌，形成了“多轮驱动、连锁供给”的公共文化服务温州模式，较好地激发了全社会文化创新创造活力，为我国公共文化服务体系建设提供了温州智慧和温州样本。“文化驿站”便是温州继“城市书房”之后推出的公共文化创新品牌，“城市书房”与“文化驿站”一动一静，相映成趣，构成了温州公共文化服务创新项目走向全国的“双子星”。以

“文化驿站”为重点的文化馆总分馆制建设对解决我国公共文化服务需要解决好的带有普遍性的难题进行了有益的探索，得到了文化和旅游部的充分肯定。

一　文化驿站的发展历程

文化驿站是政府主导、社会力量参与，整合小剧场演出、文艺培训课堂和休闲茶座等多种功能，为社会公众提供高品质文化活动的文化空间。最初是为满足都市年轻人群体个性化、多元化的文化需求而打造的，随着建设的逐步深入被赋予了三个方面的内涵：公共文化服务的扩展空间；时尚化、体验版、休闲式、文艺范的休闲空间；品味“瓯式”茶点与传统滋味的生活空间。“时尚化、休闲式、体验版、互动型、文艺范”的总体要求，体现了文化驿站的创意理念、场所氛围、活动样式、品质追求和品牌目标。

文化驿站由1家龙头文化驿站、10家各具特色的文化驿站、N个社会力量参与的文化驿站和X个乡镇村社文化驿站组成，形成了“1+10+N+X”的格局。经历了先体制内后体制外、先增量后变量、先试点后推广、先城市后乡镇、先市内后市外的发展演变，2015~2016年是利用市本级体制内公共文化设施的探索初创阶段，即1+10阶段；2017~2019年是社会力量深度参与建设的拓展延伸阶段，即1+10+N阶段；2020年是打造文化馆总分馆体系的扩面升级阶段，即1+10+N+X阶段。文化驿站2015年有1家；2016年有11家，开展活动214场；2017年有40家，开展活动591场；2018年有60家，开展活动926场；2019年有70家，开展活动1400余场；2020年有210家，开展活动1949场。

（一）利用市本级体制内公共文化设施的探索初创阶段（2015~2016年）

2015年2月1日，“文化驿站启动仪式暨《南戏印象·琵琶记》首演发布会”在南戏博物馆举行。温州是南戏故里，《琵琶记》是经典之作，南戏博物馆是市级文物保护单位。演出之前，观众除了参观南戏博物馆的静态展览外，还可以走进演员的化妆间、道具间等，了解戏曲台前幕后的全流程；演出中，演员们从不同方位出现，观众能近距离清晰地观察到演员们额头上的汗水；舞台设在南戏博物馆的庭院内，一净一丑两位俳优以说书的形式串起折子戏，其间还穿插经典南戏的介绍。在这幢精美的古建筑内，动静结合地观赏千年南戏确实别有一番风味。我国公共文化活动的一种新颖业态由此产生，这就是“文化驿站”，一个分享、互动、交流的文化空间。文化驿站整合了剧场演出、文艺培训课堂和休闲茶座的功能，它比观看剧场演出多了些知识的共鸣和分享，比文艺培训课堂多了些互动和体验，比茶座休闲多了些艺术气息和文化情感交流，实际上是一个缩小版的剧场、课堂和茶座“三合一”模式。

这个创新项目被定位为打造适合都市年轻群体参与的文化沙龙，让行色匆匆的都市年轻人慢下脚步，享受文化带来的慢生活。之所以取名为“文化驿站”，原创者是这样解释的：“驿站是古代供传递文书和军事情报的人或来往官员途中食宿、换马的场所。在驿站里歇脚休息，除了沟通交流、互通信息外，还补充能量，养精蓄锐，为继续行走储备动能。在以高铁为交通工具的年代，驿站早已成陈迹。现代都市人工作生活忙碌，需要在适当的时候放慢脚步，让心灵稍做休憩，以文化补充精神能量。‘文化驿站’的概念由此而产生。”

“1 + 10 阶段”中“1”即在全市高标准打造1家文化驿站，规范化运行，起到“龙头”示范作用。“龙头”原先是建在鹿城区五马街道中山公园积谷山西麓的池上楼。该楼是市文物保护单位，为纪念南朝诗人谢灵运所建造，因其有千古名句“池塘生春草，园柳变鸣禽”传世，后人称之为“池上楼”。文化驿站依托于谢灵运纪念馆园林式的建筑风格而建立，利用亭台、楼阁、水池、回廊等，举办戏曲雅集、古曲乐会、品茗休憩等各类活动。2016年开始推出中秋主题活动，2017年举行的“金秋池上·倚楼听月”中秋主题活动则让人如痴如醉，南戏、交响乐团、流行乐、传统手工艺等多种文化分享项目汇聚一堂，三天时间吸引了上万名市民参加，网络直播分享人数20余万。如今因多种因素，“龙头”已改为温州市文化馆文化驿站了。

“1+10阶段”中“10”即在市本级打造出10家来自不同文化设施、提供各具特色活动的文化驿站，为后继建设提供样本参照。建设过程是逐家推出，建设方式是利用体制内闲置场地建构主题鲜明的分享空间。它们分别为温州市文化馆文化驿站、温州市图书馆文化驿站、温州市少儿图书馆文化驿站、温州博物馆文化驿站、温州大剧院文化驿站、温州市越剧演艺中心文苑剧场文化驿站、温州市书画院文化驿站、南戏博物馆文化驿站、东南剧院流行音乐文化驿站、数学名人馆文化驿站。这10家文化驿站不断推出高雅和休闲的文化艺术活动。如温州博物馆文化驿站将历史、文物收藏、展览与休闲式的文化交流活动结合起来，以时空漫步站、文博大讲堂、手工实验课堂等场所为载体，举办文物鉴赏、博物启蒙、传统文化教习体验等活动。流行音乐文化驿站着重普及流行音乐的知识和推广流行音乐的经典作品等。

（二）社会力量深度参与建设的拓展延伸阶段（2017~2019年）

经过两年的沉淀，2017年，文化驿站开始呈现生命力，主要是吸引社会力量深度参与建设。N个驿站是指温州市文化广电新闻出版局带动县（市、区）文化部门自办或社会力量参与建设的没有数量限制的文化驿站。温州市文化广电新闻出版局出台了《关于推进全市文化驿站建设的实施方案》，明确文化驿站建设可以延伸到文创园区、影院、民营书店、民宿、茶座、咖啡吧等社会场地。县局负责选址、制订方案、验收督察等工作；企事业单位、社会团体等社会力量作为文化驿站业主单位，负责提供场地、水电、网络等设施设备，以及日常活动组织、管理和维护。社会单位申请文化驿站，须符合有关标准，并要求每个站点在服务功能配置上力求个性化。

2017年开始，文化驿站被纳入温州市政府为民办实事工程，每年给予文化驿站300万元左右的财政支持，作为每个站点一定的长效运维补助和活动配送的扶持资金。2018年，温州市被文化部列为第四批国家公共文化服务体系示范区创建城市，文化驿站作为示范区创建的主要创新项目之一得到了高度重视，由此，呈现成规模、成批次、高规格发展的态势。到2019年底，全市70个文化驿站中社会力量参与的有44个，社会力量的加盟，为文化驿站的活动注入了活力，它是社会力量办文化的一种集中体现。社会力量参与的文化驿站通常都有一个很有文化意蕴的名称，如留香阁、心工场、叶同仁、漫游未来、龙幕影城、无料书铺、朴念、半书房、潘多拉、馨博园、周二电波、湖广会馆、黑羊、心兰、瑞越梨园、一瓯茶肆、子久、城格等。

（三）打造文化馆总分馆体系的扩面升级阶段（2020年）

近年来，国家大力推进城乡公共文化服务体系建设，优化城乡文化资源配置。2015 年，中办、国办印发的《关于加快构建现代公共文化服务体系的意见》要求“以县级文化馆、图书馆为中心推进总分馆制建设”，把总分馆制建设纳入现代公共文化服务体系。“总分馆制”意在让公共文化服务伸向更远方、服务更到位，打造无形的知识之城。北大教授李国新曾这样解读：“总分馆制就是要让一个个独立、分散、封闭运行的文化馆、图书馆转变为一个组织体系、服务体系，形成一个互联互通的文化馆群、图书馆群，在体系内实现资源共享，服务政策、服务标准统一，为老百姓提供城乡一体、普遍均等的公共文化服务。让图书馆、文化馆由孤岛设施变为组织体系，这是总分馆制的核心要义。”

温州图书馆系统以城市书房为重点构建了图书馆总分馆制，形成了图书馆总分馆制的温州风格。2019 年，温州市文化广电旅游局开始谋划文化馆总分馆制，进一步促进优质文化资源向基层倾斜和延伸。2020 年 5 月，温州市文化广电旅游局印发了《以“文化驿站”为重点高质量推进文化馆总分馆制建设实施方案》，提出“总分馆制的基本原则是按照‘政府主导、融合发展、提升效能、促进均等’原则，以推进‘文化驿站’建设为重点，有机串联全市各级公共文化场馆、设施以及社会各类有效资源，进一步完善多类型文化场馆融合、资源共享、互联互通、有效覆盖、特色鲜明的文化馆总分馆服务网络，使城乡百姓享受更加丰富优质的公共文化服务，推动温州公共文化服务高质量发展。”该方案就服务标准、主要措施、管理机制、保障措施等四个方面提出22条具体举措。以此为标志，文化驿站建设进入了大规模发展的新阶段，截至2020年9月，全市140个乡镇建立了文化驿站，进入了“1+10+N+X”阶段。由此，文化驿站的总体格局、目标任务等开始发生重大变化，如何建构上下打通、左右互联、内外共享的文化驿站网络体系成了当前亟须解决好的问题。

二　文化驿站的创新成效

文化驿站作为“诗性空间”的打造、“把日子过成诗”的追求和“一起分享最美好的东西”理念的实践，以高品质、多元化、接地气的艺术形式为市民提供了个性化、品质化的公共文化服务。从文化空间的视角看，文化驿站建构了一个高品质的新型公共文化活动空间；从文化治理的视角看，文化驿站建构了政府和社会力量良性互动的公共文化活动运行管理机制；从文化参与的视角看，文化驿站对都市年轻群体有着较强的“吸粉”能力；从均等化的视角看，文化驿站建构了一个全覆盖而又高质量的公共文化服务网络。

截至2020年12月，全市共建设并运行文化驿站210家，其中，市本级11家，县级49家，乡镇级150家；社会合作类型58家，文旅融合特色型22家。据不完全统计，文化驿站为市民开展了5000余场文化活动，直接参与活动的市民20余万人次，通过网络传播和直播参与的有220万余人次。文化驿站创设了一大批特色文化空间，提供了品质可靠的文化活动，提高了公共文化设施利用率，扩大了公共文化服务覆盖面，满足了市民对多元文化的需求，传播了地方文化。中央电视台、人民网、新闻网、《中国文化报》、《浙江日报》等众多主流媒体作了报道。

（一）发挥了公共文化设施的效用

这些年政府投入大量财政资金建设了一大批公共文化设施，满足了人民群众对精神和文化的需求，但也有相当多的公共文化设施使用效率并不高，而文化驿站则较好地发挥了公共文化设施的作用。温州市有3处文化驿站落户文物保护单位，分别为池上楼、数学名人馆、南戏博物馆。这几家专题博物馆之前的活动多为宣传展示型，而文化驿站则使其活动范围进一步扩大、拓展。这些传统雅致的活动在古朴而富有年代感的环境里进行非常妥帖合适，是形式与内容的完美结合、场地与气质的统一协调。文化驿站的活动开展使这些古老历史文化建筑在新时代焕发新的勃勃生机，提高了文物建筑的利用率。温州市文化馆文化驿站位于市文化馆二楼，之前是一个空置的展厅，堆放着一些音响设备，由于位置的关系，一楼展览极少有延伸到这个展厅的，利用率很低。温州市文化广电新闻出版局申请财政经费 50 万元将其建设成颇为雅致的文化驿站，主要开展精致、高雅的分享沙龙和面向社会优秀团体开展的各种活动，清雅的环境吸引了很多年轻人。

（二）扩大了公共文化服务的覆盖面

文化驿站空间建设采用了嵌入方式、依托于现有文化设施，虽面积有限，但可以分时利用，即该空间不在举办文化驿站活动时，可以用作其他用途，大大减少了建设主体的投入成本和空间占用成本，降低了参与门槛。星罗棋布的文化驿站以连锁经营的方式提供着高质量的文化活动，成为“都市 15 分钟文化圈”“乡村 30 分钟文化圈”的亮点项目和城市文化品牌的金名片。文化驿站以嵌入式的结构，以项目、以服务、以活动为纽带，把文化活动做到覆盖范围最大化，给全国树立了一个榜样。目前我国基本公共文化服务的工作重点是低收入群体，作为东部经济发达地区，应该努力建立一个全覆盖且高质量的公共文化服务网络以满足人民群众高品质、多样化、自主性的精神文化需求。全覆盖和高质量两者兼备并不容易，通常是全覆盖但质量不高，或质量高但不全覆盖。

（三）满足了公众多样化的文化需求

传统意义上的群众文化活动往往是单向输送式、群体娱乐式、简单体验式，参与对象获得比较表面、瞬间的感观愉悦，缺少思想渗透式、精神浸润式的深层体验，参与对象往往是老年人和未成年人居多。由于公共文化政策信息的获取不足、公共文化决策的参与不足、公共文化参与机制的缺失以及文化需求的民主表达的“边缘化”等原因，当前我国年轻群体对公共文化的参与总体上处于贫困状态。民意调查显示，不少市民尤其是城市年轻人认为政府提供的文化生活不能满足其需要，到大剧院看演出对于以休闲为目的的市民来说显得太“郑重其事”，而广场舞又不够“档次”，他们需要更加多元、丰富、灵活的文化活动。文化驿站的活动有讲解、展示、互动体验等模块，其最大特点就是“一起分享最美好的东西”。大家可以就某一文化主题分享知识、理念和情感，气氛活跃，这是以往其他文化活动所欠缺的。在这里，休闲与文化结合、文艺与时尚结合，真正能让人感受“慢下脚步，让心静一会儿”，体会到文化的无穷魅力。文化驿站为市民提供了个性化、品质化的公共文化服务，在推动全社会形成积极向上的精神追求和健康文明的生活方式上取得了较好的社会效益，得到了社会各界的广泛好评，活动门票往往一票难求，一些文化驿站还形成了较为固定的粉丝群。在文化驿站的分享活动中，作为公共文化服务对象的市民个体也从原本单纯的接受者、享有者变成为公共文化的参与者、分享者。

（四）传承了优秀的非物质文化遗产

温州拥有众多优秀的非物质文化遗产，但大多不被现代人所知晓。雅逸、隽永、厚重的传统文化成为文化驿站取之不尽的绝佳源泉和深沉力量。优秀的传统戏曲、传统工艺、传统书画艺术、传统节庆的精髓正是通过文化驿站为更多人知晓。南戏博物馆地处老城区，在家门口有这样一个小型的博物馆兼戏台，出行又十分方便，令周围的居民赞不绝口。2017 年 12 月 22 日，池上楼文化驿站举行主题为“冬日暖阳 · 携手共享”的活动，主办方极富温情和文艺范的宣传让人难以拒绝：“除了汤圆，真正的冬至是什么模样？12 月 22 日 13：30 一起找回传统节日的味道，重拾那份逝去的记忆。池上楼文化驿站冬至特别主题活动‘冬日暖阳 · 携手共享’，汤圆已备，静候君来，从各个角度讲述冬至的故事。”

三　文化驿站的经验启示

（一）跨界融合：公共文化服务的创新在于找到边界、打破边界、实现跨界融合

公共文化服务由公共、文化、服务三个不同领域而且本身内涵极为宽泛的概念集合，三者之间的融合会产生怎样的变化呢？公共文化服务内涵和外延的变化会给实际工作带来影响，甚至是重大而深远的影响。从文化内涵变化的视角看，公共文化服务原来名为“文化事业”，2002 年分为“公益性文化事业”和“经营性文化产业”，结果经营性文化产业发展壮大并成了国民经济支柱性产业，其中以电影业最为明显。从公共主体变化的视角看，原来实施主体都是政府，后来增加了社会力量，公共文化服务建设又有了重大发展，温州的经验主要就是社会力量积极参与公共文化服务体系建设。从服务形式变化的视角看，博物馆、美术馆、展览馆等公共文化场所实行免费参观，大大增加了公众参观数量，推动了公共文化产品和公共文化活动的高质量发展。找到公共文化服务的边界，进而打破边界，实现跨界融合，可能产生令人意想不到的变化。

文化驿站的创新在于融合剧场、课堂和茶座，建构了一个高品质的新型公共文化活动空间，而这个兼具剧场、

课堂和茶座三重功能的文化驿站给了人们小而精、小而美的审美感知。“文化空间是公共文化服务建设的一个基本向度，它是公共文化服务建设的基本场域、出发点和归宿以及重要工具。”每一个文化驿站拥有自己的主题，形成了一个独特的空间，同时也吸引了一批对此主题有兴趣的社会公众。众多的文化驿站组成五彩斑斓的各色主题文化空间，与社会公众精神文化生活的多层次、多样性、个性化相适应。200 余个分布在温州各地的文化驿站，如同一个个闪光的珍珠，将瓯越大地的民风民俗、文风文脉串联起来并以全新的面貌呈现，成为市民精神文化加油站，不时给人们带来惊喜。这表面上看来是空间与空间的贯穿，而实际是优势资源与创新理念的交融。当前，我国公共文化服务体系建设正在重建公共文化空间，文化驿站从文化空间的视角看对如何重建公共文化空间进行了有益的探索。

（二）连锁经营：连锁化运作和一体化管理是将盆景变成风景的关键所在

任何单个文化驿站实际上并不是很起眼，但众多的文化驿站串联起来，就把盆景变成了风景。一个个散落在全市各地的文化驿站能够呈现迷人的魅力，运行机制的关键在于连锁化运作、一体化管理。文化驿站对活动场所、活动时间、活动内容、活动方式都有可操作的明确要求。文化驿站的运行机制主要如下。

一是主管部门及职责。温州市文化广电旅游局负责协调市级文化驿站的连锁运行和资源调配。县局负责审核把关本县文化驿站的选址、建设和场馆功能提升，并报市局备案，统一挂牌。市文化馆把总分馆建设纳入业务常规工作，加强工作研究、业务指导和队伍培训。县级文化馆负责指导本县文化驿站采用网格化方式，并在资源、服务、技术、资金等方面提供支持。

二是硬件建设规范。建筑面积在 150 ~ 500 平方米，场地内配备文化活动必需的灯光、音响、视频展示、网络端口等设备，有焦点区域的讲述平台、活动区域的茶几座椅、展示区域的展览陈列等设施；要求氛围布置有文艺范、时尚性、温馨感，门口醒目位置有统一的“文化驿站”LOGO 标牌或灯箱，内部以书籍及非遗项目等当地特色文化元素作为主要展陈内容；设置展示展览墙，张贴文化驿站活动图片、海报，列示社团信息等宣传内容；要求有集中展示文化驿站等内容的微信二维码；有条件的场地开辟茶点料理区域作为吧台以营造轻松、休闲的氛围。

三是运行管理规范。活动时间上，要求文化部门主导建设的文化驿站每周至少开展一次以上活动，社会力量参与建设的文化驿站每月至少开展两次活动；内容上，要求推出音乐、舞蹈、戏曲、电影、话剧、书画、摄影、朗诵、阅读、茶艺、花艺、服饰、礼仪、旅游、阅读等各类分享体验和鉴赏品评活动；形式上，要求一般应包含讲解陈述、展示展演、交流互动等3个环节和要素，活动时长100～120分钟。活动人员要求包括组织者、分享者与参与者。每月下旬文化驿站微信公众号统一发布各站点活动信息。

（三）合作共赢：共同诉求和资源依赖是政府与社会形成良性合作的基础

文化驿站之所以能取得引人瞩目的成绩，关键在于有效地发挥了社会力量参与的积极性。例如，“心工场文化驿站”原来是一家咖啡茶点吧，平时有很多年轻人在场所里休闲聊天，也曾经举办过一些诸如瓯剧鉴赏、古典吉他评鉴欣赏沙龙等活动，契合文化驿站项目理念，于是他们向鹿城区文化广电新闻出版局提出申请，并根据要求自行投入3.5万元用于场地调整和设备购置。政府希冀有限的财政资金能够实现效益最大化以便让更多市民共享文化成果，社会力量和社会机构则希冀借助文化驿站扩大其品牌影响力，这是两者合作共建文化驿站的根基所在。

党的十九届四中全会提出，推进国家治理体系和治理能力现代化。“文化治理是指政府、各类文化机构和个体参与文化活动、文化管理诸多方式的总和。实现文化治理的目的是建构现代文化治理体系与提升治理能力，为激发社会文化活力和创造力、解放和发展文化生产力提供体制机制保障。”推进国家文化治理体系治理能力现代化要解决的主要问题是处理好政府与市场、社会的三者关系。从构建现代公共文化服务体系的视角看，就是要充分发挥政府、社会组织、企业等多方力量，维护公共文化权利，尽可能满足公民基本文化需求。文化驿站建构了政府主管部门、文化馆系统、社会力量三者良性互动的运行管理机制，其中，政府主管部门主要负责财政引导性投入、顶层设计、属地管理、考核激励，文化馆系统主要负责网格化管理、下沉式帮带、点单式配送、全市域调配，社会力量主要负责提供场地、活动组织、宣传发动、安全保障、志愿者服务。

社会力量参与公共文化服务建设，使温州公共文化服务覆盖面不断扩大，特别是向基层延伸的广度、深度、层级都得到了有效拓展；实现了需求与供给对接，产品服务更加多元化，精品更多，公共文化服务品质大幅提升；公共文化资源调配明显优化，公共文化设施有效利用，群众获得感和满意度显著提高；推动了政府从公共文化服务的生产者、提供者变身为规划者、监督者，由办文化、管文化向服务文化转变。这是文化管理体制改革的一大突破，为我国公共文化服务体系建设提供了温州智慧和温州样本。

参考文献

郑云：《温州文化驿站建设研究报告》，载蒋儒标、王春光、金浩主编《2018年温州经济社会形势分析与预测》，社会科学文献出版社，2018。

李国新：《新阶段 新目标 新任务——〈关于推进县级文化馆图书馆总分馆制建设的指导意见〉解读》，《图书馆杂志》2017年第3期。

吴理财、邓佳斌：《公共文化参与的偏好与思考——对城乡四类社区的考察》，《中华文化论坛》2014年第8期。

方坤：《重塑文化空间：公共文化服务建设的空间转向》，《云南行政学院学报》2015年第6期。

祁述裕等：《国家文化治理现代化研究》，社会科学文献出版社，2019。

后　记

本书是“看系列”编委会策划的第二本，围绕治理体系和治理能力现代化这个热门话题，集合专家学者的力量，以温州具体的优秀治理案例为研究对象，力图表达通俗易懂、深入浅出。

本书由洪文滨、王健负责框架设计、遴选具体的案例、确定撰稿人，并最终定稿。张展翼、陈勋、徐声响三人担任本书副主编。全书分为民营经济篇、基层治理篇、智慧治理篇、公共服务篇，书中案例研究经过多轮讨论、反复修改，个别不能达到要求的案例做了减法处理。陈中权、陈忠谊、周义邦三位老师参加了本书的编辑和校对。中共浙江省委党校文化与社会学教研部主任李涛教授对本书编撰给予了有益指导。社会科学文献出版社皮书分社社长邓泳红、宋静老师、吴云苓老师为本书出版提出了专业的指导和帮助，专此致谢。

本书得到浙江省哲学社会科学重点研究基地“文化发展创新与文化浙江建设研究中心”的大力支持。

由于编者水平有限，书中错误敬请同行批评指正！

图书在版编目（CIP）数据

市域治理看温州 / 洪文滨主编. -- 北京：社会科学文献出版社，2021.6

ISBN 978-7-5201-8512-7

Ⅰ. ①市… Ⅱ. ①洪… Ⅲ. ①城市管理-研究-温州 Ⅳ. ①F299.275.53

中国版本图书馆 CIP 数据核字（2021）第 105237 号

市域治理看温州

主　　编 / 洪文滨
执行主编 / 王　健

出 版 人 / 王利民
组稿编辑 / 邓泳红
责任编辑 / 吴云苓　吴　敏

出　　版 / 社会科学文献出版社·皮书出版分社（010）59367127
地址：北京市北三环中路甲 29 号院华龙大厦　邮编：100029
网址：www.ssap.com.cn
发　　行 / 市场营销中心（010）59367081　59367083
印　　装 / 三河市龙林印务有限公司

规　　格 / 开　本：787mm×1092mm　1/16
印　张：16.5　字　数：155 千字
版　　次 / 2021 年 6 月第 1 版　2021 年 6 月第 1 次印刷
书　　号 / ISBN 978-7-5201-8512-7
定　　价 / 98.00 元